TERRE SAINTE

15 VISAGES DE LA PAIX AU MOYEN-ORIENT

MAME

MAME

Direction : Guillaume Arnaud
Direction éditoriale : Sophie Cluzel
Direction artistique : Armelle Riva
Direction de la fabrication : Thierry Dubus

Édition : Emmanuelle Rivoire-Grimaud
Fabrication : Sonia Roméo
Mise en pages : Pixellence

www.mameeditions.com
57, rue Gaston-Tessier, 75019 Paris.
ISBN : 9782728930739
MDS : MM30739

AGNÈS PRUVOT

TERRE SAINTE

15 VISAGES DE LA PAIX AU MOYEN-ORIENT

PRÉFACE DE MGR PASCAL GOLLNISCH

MAME

Préface

Ce livre nous parle d'une aventure, la véritable aventure humaine : celle qui conduit un homme à rencontrer d'autres hommes, des hommes qui lui ressemblent mais qui sont en même temps si différents. Au fil des pages et de sa mission, Agnès Pruvost va découvrir les chrétiens d'Orient, des frères qui ont la même foi, une autre histoire, une autre culture. Elle va également partager, durant cette année, le quotidien de musulmans, de juifs ou même d'athées, elle va s'immerger dans la fragilité, l'incompréhension et le dévouement le plus total de ceux avec lesquels elle vit.

Le Français est prompt à comparer, à hiérarchiser ce qui lui semble préférable, à déclarer incompréhensible le monde qu'il découvre ou à renier sa latinité, ce que personne ne lui demande de faire.

Il faut d'abord écouter. Il faut rencontrer. Il faut aimer. Il faut se laisser déstabiliser, déranger, désorienter. Il faut « s'ouvrir », selon cette expression qui, à bien réfléchir, est étrange et très belle. Avec les chrétiens d'Orient, nous partageons la même foi, mais dans une autre culture : voilà ce qui est de nature à nous étonner et, si nous avançons dans nos découvertes, à nous émerveiller.

À dire vrai, je suis très fier de ces volontaires, jeunes adultes, capables sur six mois, un an, deux ans, de se lancer dans cette aventure de l'ouverture. Je suis plein de gratitude pour ceux qui, en France et en Orient, leur ont permis ce pèlerinage transméditerranéen. Les volontaires de l'Œuvre d'Orient vivent au plus près des personnes vers lesquelles ils ont été envoyés, hébergés dans des communautés religieuses, des écoles, des dispensaires. C'est bien une expérience d'immersion à laquelle ils se sont livrés, dans une certaine solitude à affronter pour quelques-uns. Certaines communautés orientales ont parfois été perplexes sur le fait de recevoir de jeunes Français, aux idées occidentales, peut-être même « laïcardes » ! Les volontaires ont su se faire accepter, reconnaître ; ils ont été conscients de représenter un peu la France et l'Église de France. Eux aussi devaient être acceptés dans leur propre culture par nos frères d'Orient. L'Église de France, que j'aime tant et que je m'efforce de servir, mérite aussi d'être découverte et respectée. Un jeune chrétien ne peut partir en Orient de manière fructueuse s'il tourne le dos à sa propre Église.

En découvrant les racines des chrétiens d'Orient, le volontaire comprend que les racines du christianisme se trouvent là-bas, en particulier à Jérusalem. Il découvre aussi l'importance de connaître les racines de sa propre Église, son histoire et sa grandeur. Mais il découvre surtout que l'Église n'est pas qu'une histoire de racines. L'Église est aussi elle-même dans sa mission. C'est l'esprit de mission, dans le présent et dans le futur, qui la structure aussi dans son identité. Les volontaires mènent une vie missionnaire. Les conditions de la mission en Orient – autrement dit le service de la population au nom de l'Évangile – sont complexes et difficiles. Mais la force de cet esprit de mission donne à l'Église en Orient toute sa vigueur et toute sa légitimité. Il est impossible qu'un volontaire de retour en France ne se pose pas la question de son propre engagement en Église.

Ainsi les volontaires de l'Œuvre d'Orient contribuent à la construction de ponts qui enjambent la Méditerranée. Cette dernière est traversée par des forces de mort, par d'inquiétantes tensions qui menacent son équilibre. La Méditerranée est notre village ; si la violence la déchire, nous ne serons pas en paix. Les volontaires, dans leur simplicité et leur fragilité mais aussi par leur audace et leur espérance, sont de magnifiques artisans de paix. Par leur expérience, ils laissent se construire dans leur cœur une paix intérieure mise au service de la paix entre les peuples.

J'espère que les pages qui suivent, faites de regards et de visages, susciteront l'admiration de tous pour cette jeunesse engagée. Je souhaite que cela contribue à faire naître de nouvelles vocations. Je souhaite aussi que d'autres générations, comme celle des jeunes retraités, soient tentées, elles aussi, de se lancer dans cette ouverture au grand large, dans cette découverte de nos frères d'Orient, peut-être différents et en même temps si proches.

Mgr Pascal Gollnisch
Directeur général de l'Œuvre d'Orient

Introduction

Au fil de ces pages, vous allez rencontrer quelques-unes des personnes incroyables avec lesquelles j'ai tant partagé lors de ma mission en Terre sainte avec l'Œuvre d'Orient. Des visages tous totalement différents. À l'instar du superbe film de Yann Arthus-Bertrand intitulé *Human*, je vous invite à rencontrer l'humanité dans sa diversité. Mieux encore, dans ce qu'elle a de plus beau et aussi de plus créatif. Sur la terre trois fois sainte où se côtoient les trois grandes religions monothéistes, terre de conflits et de discorde, il me tenait à cœur de montrer des acteurs de paix en action. Comme l'affirme la lettre de saint Jacques : « *C'est dans la paix qu'est semée la justice* » (Jc 3,16). Tout le reste est injustice et division.

Dans un pays étranger, il y a trois types de pierres : les pierres mortes que sont les monuments et les fossiles; les pierres savantes que sont les musées et, pour finir, les pierres vivantes incarnées par les habitants du pays. Chacun à leur manière, les personnages extravagants que vous allez découvrir sont des pierres vivantes de cette terre déchirée, sublime et mystérieuse. Je brosse ici le portrait de ceux qui m'ont le plus marquée et qui sont tous, au-delà de la diplomatie, de puissants témoins de paix. Ces visages de la paix reflètent chacun quelque chose de cette parole de Jésus: « *Dans la maison de mon Père, il y a de nombreuses demeures.* » (Jn 14, 2).

Leila ou la princesse mouillée

« C'est grâce à ces temps de test et d'apprivoisement que la relation d'amour et de confiance que je partage actuellement avec elles trouve tout son sens et toute sa beauté. C'est en pleurant que l'on trouve la joie d'être consolé, c'est en perdant quelque chose que l'on ressent la joie de le retrouver et c'est aussi en se laissant tester dans la rencontre que l'on trouve la joie de la confiance. »

Extrait de mon rapport d'étonnement, 5e mois

Bien qu'elle n'entende pratiquement rien, elle sait se faire entendre ! Leila n'a que neuf ans mais sait attirer le regard des adultes. Aussi efficace qu'un café corsé, Leila est mon meilleur réveil tous les matins.

Leila est très féminine. Fidèle à sa mère, très coquette et toujours parée comme une petite princesse, c'est une véritable boulimique des vêtements. Elle aime à en changer régulièrement au gré de ses humeurs. Qu'ils soient troués ou pas, qu'ils lui appartiennent ou non, qu'ils soient un « emprunt » à ses copines, complètement hors saison ou adaptés par miracle, les vêtements colorés de Leila constituent pour elle une vraie passion !

Toujours équipée d'une montre cassée au poignet ou de bracelets hors du temps appartenant aux aides-soignantes, Leila s'obstine à vouloir paraître plus grande. Ses cheveux bruns, ornés de chouchous aux couleurs vives, forment des couettes à la Fifi Brindacier qui lui redonnent l'apparence d'une petite fille de son âge.

Le quotidien avec elle ne ressemble jamais à la routine. Cette petite perle palestinienne – diagnostiquée handicapée mentale – a en réalité un cerveau qui fonctionne de manière tout à fait extraordinaire et atypique. En un mot, c'est une boule d'énergie qui demande beaucoup d'attention et d'affection.

Concrètement, Leila est capable d'échapper aux regards pour se sauver toute seule dans des endroits inattendus. Un jour, profitant d'un instant d'inattention de ma collègue, elle a sauté dans l'ascenseur en appuyant frénétiquement sur tous les boutons. Médusée, ma collègue a vu les portes se refermer sur la petite fille qui riait aux éclats de son exploit. Branle-bas de combat à l'étage de service. Pendant ce temps, les cuisiniers, au rez-de-chaussée, avaient repéré la coquine aux cheveux mouillés, à peine sortie de sa douche, déambuler triomphalement dans la cour. Mais sa créativité ne s'arrête pas là, évidemment. Leila peut se dévêtir complètement devant tout le monde en abandonnant sur le sol sa garde-robe. En résumé, elle est aussi efficace pour attirer l'attention que le gaz pour allumer un feu !

Sur son fauteuil à quatre roues, à quatre pattes ou à quatre jambes quand elle s'agrippe à nous, Leila parcourt au minimum trois kilomètres par jour, si ce n'est plus ! Et pourtant, le centre Saint-Vincent, bien qu'il soit très grand, reste son unique terrain de jeu.

C'est une petite fille à double face. Pile, quand elle ne connaît pas son interlocuteur, elle a besoin de le tester en permanence. Elle doit vérifier sa fiabilité. Dans la réalité, cela donne un enchaînement ininterrompu de bêtises, toutes plus farfelues et dangereuses les unes que les autres. Pendant le goûter, elle peut dérober la compote de sa copine et la presser si fort qu'elle éclate dans sa figure.

Côté face, Leila peut se révéler la reine du mimétisme. Elle le pratique avec une rare intelligence.

De ses grands yeux bleus, elle observe attentivement chacun de mes actes. Bien que ses pupilles soient blanches et son iris trouble, elle voit parfaitement ce que je fais car elle reproduit chacun de mes gestes. C'est le propre des enfants de quatre ou cinq ans qui s'identifient à l'adulte et prennent modèle sur lui. Du jour au lendemain, je me suis retrouvée gratifiée d'une petite assistante. Leila déplie les couches, apporte les pyjamas, prépare les brosses à dents, retire même les chaussures de ses copines. Le travail quotidien est ainsi bien allégé. Merci, Leila ! C'est tellement bon lorsque son inépuisable énergie est canalisée à des fins utiles ! Une fois apprivoisée, Leila accorde sa confiance et son admiration. Vous entrez dans son estime car vous avez été capable de valider les tests.

C'est un parcours du combattant que certains n'arrivent pas à franchir. Leila garde le choix sur son cercle de confiance ; ceux qui veulent s'y introduire sans sa permission en sont rejetés violemment. Attaqués, frappés, repoussés, beaucoup de collègues ont jeté l'éponge avant moi. Pour moi, la phase de test a duré environ un mois. Autant vous dire qu'à la fin, ma joie était à la mesure de toutes les frustrations endurées. Plus difficile est la bataille, plus grande est la victoire !

Une fois mon initiation terminée, Leila est redevenue un ange, même si elle est encore dans la période du « non » et ne peut s'exprimer qu'à travers de petits cris. Lorsqu'elle dit « non », le message est toujours très clair ! Avec Leila, j'ai appris qu'il n'était pas toujours nécessaire de parler. La communication passe par d'autres biais. J'ai appris à la connaître, à identifier ses goûts, ses habitudes, à la prendre comme elle était. Tout simplement à l'aimer au-delà de ce que je pouvais imaginer.

On dit que les voyages forment la jeunesse. J'ai eu, grâce à elle, l'occasion de vérifier cette théorie. Elle m'a offert un voyage exceptionnel dans ce que les hommes appellent, faute de mieux, l'autisme. Elle a fait reculer toutes mes limites, à un point vraiment inimaginable. Je ne savais pas à quel point je pouvais puiser de la patience en moi comme dans un puits sans fond.

Un matin, Leila avait refusé d'aller prendre sa douche… Je mettais en général un petit quart d'heure pour la préparer : la réveiller, changer ses draps, la conduire sous la douche, enlever son pyjama et sa couche, lui brosser les dents, la savonner intégralement y compris ses cheveux, la rincer, la sécher, l'habiller, la coiffer, lui enfiler ses chaussures et ses attelles. Ce jour-là, il m'a fallu près de deux heures pour la préparer ! Quand j'ai essayé de mettre ses draps propres, Leila était déjà en train de vider un flacon de gel douche dans la salle de bains. Il fallait enlever rapidement le gel pour éviter qu'elle glisse. Pendant que j'étais à quatre pattes, les mains dans le liquide moussant, Leila était déjà en train de mettre les draps propres dans la panière de linge sale. Il était huit heures ; l'heure du petit-déjeuner approchait et Leila allait bientôt être en retard... J'ai enfin réussi à la mettre dans la douche mais Leila n'avait pas dit son dernier mot. Elle ne voulait pas enlever son pyjama ; elle s'asseyait par terre pour m'empêcher d'enlever son pantalon. Dès que je parvenais à la relever, elle se roulait par terre en rigolant. Pour faire diversion, je lui ai donné sa brosse à dents. Ce qui m'a permis, avec pas mal de peine, de pouvoir la déshabiller. Après la douche, je croyais bien être enfin sortie d'affaire. Alors que j'habillais Leila, elle a réussi, hilare et avec beaucoup d'habileté, à s'emparer du pommeau de douche. Et bien entendu à ouvrir le robinet ! L'heure tournait. J'étais maintenant trempée, elle aussi, et il fallait la changer intégralement. Pendant que je prenais des vêtements secs dans son armoire, Leila m'a échappé à nouveau en prenant la direction du réfectoire comme une flèche. Elle était absolument ravie, toute mouillée, à quatre pattes, au milieu du couloir. Mes nerfs commençaient à être à bout...

J'ai couru pour la rattraper avant qu'elle ne pénètre dans la salle commune… Je l'ai prise dans mes bras, je l'ai habillée pour la seconde fois. Je l'ai placée dans son fauteuil roulant, j'ai installé sa tablette pour manger. Alors que j'avais tourné le dos quelques secondes pour attraper un bavoir, Leila avait déjà enlevé son haut ! De guerre lasse, j'ai appelé ma collègue à la rescousse. Nous sommes finalement parvenues à la conduire dans le réfectoire. Toute mouillée et humiliée, j'ai soufflé en la voyant commencer à manger. Je me suis retournée pour aller chercher son gobelet. Un bruit d'explosion a retenti immédiatement. C'était l'ensemble de son petit déjeuner qui se retrouvait par terre ! Les œufs, les tomates, le concombre et le *hummus* étaient fracassés au sol comme une peinture abstraite. Et Leila riait aux éclats.

Toujours à l'écoute, la petite fille est ce que l'autre lui permet d'être, tout en gardant son fort caractère. Si, par malheur, on ne s'occupe pas assez d'elle, on peut vite la retrouver avec le front blessé ou le nez ensanglanté. Pourquoi ? Parce que Leila a besoin d'une affection permanente, faute de quoi elle chavire, au sens propre du terme. L'une de ses caractéristiques principales est un balancement mécanique d'avant en arrière. Ces balancements surviennent et s'amplifient lorsque celle-ci se sent délaissée. Selon certains psychologues, les enfants qui s'agitent de cette manière sont, en fait, à la recherche d'une tendresse maternelle, celle qu'une mère donne à son nourrisson en le berçant. Leila est en quête de cette sensation quasi-archaïque qui lui fait du bien. Mais elle déploie souvent trop de force pour l'obtenir. Au lieu de se bercer dans les bras d'une maman invisible, elle se blesse cruellement sur le sol ou contre le mur. Dure réalité. Quand on la retrouve toute blessée, elle part dans un grand fou rire, manifestant une joie euphorique en voyant nos mines effrayées à la vue de son visage mutilé. Pour Leila, notre attention vaut bien quelques bosses.

Leila est donc une petite fille sans filtre. Touchante et vraie. Jamais elle ne retient ses émotions. Quand elle est en colère, elle crie ; quand elle est joyeuse, elle se secoue de manière démonstrative. Elle m'a appris une chose essentielle. Pour être en paix avec soi-même, se libérer du jugement des autres, il est nécessaire de ne pas trop jouer la comédie humaine. Il faut être capable d'être soi-même sans mentir. Leila, par sa sincérité, est un véritable modèle à suivre pour trouver la paix intérieure. Dans un contexte troublé, particulièrement en Israël et en Palestine, il est essentiel de commencer par faire la paix avec soi-même. Faire la paix avec nos propres sentiments, nos préjugés, et nos émotions… Comme le dit le poète Luis de Léon : « Être en paix avec soi-même est le plus sûr moyen de commencer à l'être avec les autres. » Je remercie le Ciel de m'avoir permis de rencontrer cette merveilleuse petite fille.

Durant le confinement, lors de mes jours « off », je prenais plaisir à rendre visite aux résidents. Au cours de l'une de ces journées, alors que j'allais dans le jardin pour passer du temps avec mes petites protégées, je suis tombée sur Leila en pleine dispute avec l'aide-soignante qui s'occupait d'elle. Je me suis précipitée pour venir en aide à ma collègue qui tentait de passer avec un fauteuil contre l'avis de Leila. Cette dernière bloquait le passage et repoussait le fauteuil par des coups et des grognements. Je l'ai prise dans mes bras pour l'écarter de la trajectoire du fauteuil, mais elle a continué à se débattre en gémissant. Mon regard s'est porté un instant sur le chemin. Quelle n'a pas été ma surprise d'y voir un petit escargot ! Leila, en entravant la circulation, cherchait-elle désespérément à le protéger ? Sans son intervention, le petit escargot serait mort écrasé. J'ai montré à Leila comment le prendre pour le déplacer. Elle s'est exécutée avec beaucoup de précautions. Puis elle est repartie vaquer à ses occupations, sans montrer davantage d'attention à cet escargot. C'est une anecdote banale mais elle en dit beaucoup sur le comportement de Leila. Elle m'a appris à accepter mes ressentis et mes pensées. Même si le risque existe de ne pas être comprise. Au début de mon volontariat, par exemple, je taisais systématiquement mes pensées à propos du conflit israélo-palestinien. J'étais tétanisée par la peur du jugement, la peur de blesser l'autre ou d'être rejetée. Peu à peu, je me suis libérée de mes peurs, quitte à me mettre en travers du chemin de mes interlocuteurs... Parvenir à exprimer mes pensées profondes, mes craintes et mes espoirs concernant ce conflit m'a permis de me montrer telle que j'étais vraiment. À l'image de Leila qui ne cache ni sa frustration, ni sa joie. C'est la parabole du petit escargot de Leila qui mérite toute son énergie pour lui éviter une mort certaine.

Cette parabole de l'escargot nous apprend autre chose. Il s'agit d'accorder de l'importance à une vie fragile ou en apparence insignifiante, faute de quoi nous glissons insensiblement sur le chemin de la guerre. Leila, la petite fille handicapée, a compris cela bien mieux que certaines personnes valides. C'est dans l'Évangile : « *Père, Seigneur du ciel et de la terre, je proclame ta louange : ce que tu as caché aux sages et aux savants, tu l'as révélé aux tout-petits* » (Mt 11, 25).

Haya ou la liseuse d'âme

« Ils sont la Parole de Dieu, ils sont l'Évangile. Les personnes handicapées sont l'Évangile en acte et en action. On doit transmettre cette parole vivante, c'est pourquoi j'insiste dans mes rapports sur le lien entre ma foi et ces personnes. Je ne peux pas le garder égoïstement pour moi. Allez rencontrer, vous aussi, ces personnes étranges et mal fichues. Désinhibées et maladroites. Laissez-vous déstabiliser par la rencontre et laissez-vous toucher. Ayez le courage de regarder en vous-même et de vous aider à vous aimer pour ce que vous êtes vraiment. »

Extrait de mon journal de bord, 23 avril 2020

Chambre 7. Tout le charme d'Haya est intérieur. Du haut de ses vingt-neuf ans, elle se fait assister dans les actes simples du quotidien par des aides-soignantes, parfois bien plus jeunes qu'elle. Au premier regard, on pourrait même penser qu'elle ne comprend rien du tout. Mais il ne faut pas s'y fier ! Sous ses airs distraits et absents, Haya a l'esprit vif et sa compréhension du monde qui l'entoure est bien plus développée que ce qu'elle donne à voir.

En apparence, Haya ne renvoie pas l'image d'une femme intelligente. Cependant, son regard, constamment perdu dans le vide, ne signifie pas qu'elle est absente. Au contraire. Ses yeux semblent même lui accorder une grande acuité visuelle. Ils bougent : sa pupille se rétracte, s'écarte et son iris se colore d'un beau marron foncé. Mais Haya ne voit pas. Pour être plus juste, elle ne voit plus. Cela fait maintenant plusieurs années qu'Haya partage son existence avec un intrus. Auparavant, elle gambadait dans le désert de Judée qui a bercé son enfance. Ses yeux voyaient ces vagues brunes et dorées, s'étendant à perte de vue. Issue d'une riche famille palestinienne possédant un hôtel chic à Jéricho, Haya a pourtant été élevée dans la culture traditionnelle nomade. Elle a vécu dans une simple caravane, entre une oasis, le désert brûlant et la vieille ville de Jéricho.

Un jour, l'intrus qui allait partager sa vie – nommé sclérose en plaques – a choisi son corps pour compagnon. À tout jamais. À compter de ce jour, la vie entière d'Haya a été chamboulée. Dans cette tragédie qui allait *crescendo*, elle a eu la chance de rencontrer les Filles de la Charité, au centre Saint-Vincent de Paul d'Aïn Karem. C'est là que j'ai fait sa connaissance. La sclérose en plaques a progressivement pris tellement de place dans le corps d'Haya qu'elle lui a dérobé la vue ainsi que l'usage de ses jambes et de son bras gauche, maintenant complètement atrophié. Et l'inactivité l'a rendue obèse.

Aujourd'hui, les sœurs comptent beaucoup sur Haya pour connaître tous les « potins » du centre Saint-Vincent. Ses années de présence, parmi les résidents et les sœurs, se comptent désormais sur plusieurs mains. Cet établissement était initialement conçu pour accueillir des enfants. En Terre sainte, le manque de structures pour continuer à les accueillir après leur majorité obligea les sœurs à modifier leurs critères d'accueil. Haya fait donc maintenant partie des « anciennes ». Elle a été la première victime du *turn over* des jeunes volontaires. Elle est devenue une femme très intelligente, qui comprend six langues différentes : l'arabe, sa langue natale, l'hébreu, l'anglais, l'espagnol, le français et l'italien. Haya ne parle plus depuis plusieurs années, mais elle a une facilité déconcertante pour décoder les émotions et les intentions des gens.

Elle porte un regard profondément juste sur les personnes qui l'entourent, ressentant intuitivement l'état d'âme des personnes. Lorsqu'elle ne se sent pas en confiance avec quelqu'un, elle le manifeste assez spontanément. Il en va de même lorsqu'elle apprécie la compagnie de son entourage. Un jour, Haya me sollicite, avec son langage corporel, pour m'interroger : quelle sera la personne qui me remplacera lorsque je serai « off » ? Je lui réponds que ce sera Sofia, l'une de mes collègues. Haya me fait « non » de la tête, avec un regard inquiet. Il s'avère que Sofia était fatiguée moralement et physiquement à cette époque. Cela se traduisait notamment par un manque d'investissement et de motivation. Avec les filles de la chambre 7 – Leila, Aïcha, Ranin et Haya – il est indispensable d'avoir l'esprit alerte et d'être présente à 100 %. Haya a donc tendance à évaluer avec précision la capacité ou non des personnes à prendre soin d'elle.

Cette jeune femme incroyable m'a beaucoup interpellée. Du haut de mes vingt-trois ans, je me sentais parfois illégitime à m'occuper d'une résidente plus âgée que moi et ayant tant de force de caractère. Avec le temps, Haya m'a littéralement adoptée. Nous avons créé un lien tellement fort que j'en ai complètement oublié son âge, son handicap ou son mauvais caractère. C'est toute la magie d'Haya ! Grâce à elle, j'ai appris quelque chose de très important : qu'importe notre âge, notre origine, notre culture, notre handicap ou encore notre milieu social, nous ressentons tous les mêmes sentiments. Je me souviens d'une après-midi durant laquelle j'étais assez fatiguée. J'exprime alors ma lassitude à Haya. Je lui explique que j'ai beaucoup de travail avec mes rapports de stage et que ma famille en France me manque. Je lui parle dans la langue de Shakespeare (Haya est mon dictionnaire vivant d'anglais et d'arabe). À ma grande surprise, elle me prend la main, tout simplement, sans rien dire. Ce geste m'a énormément touchée. J'ai senti, à ce moment précis, la grande compassion d'Haya. Sa famille lui manque aussi beaucoup. Elle ne vient que rarement la voir… Pourtant, Haya l'aime énormément et nous demande souvent de ses nouvelles. Cette femme, dont presque tout me séparait, a su me rejoindre dans ma peine. Haya m'a permis de me sentir liée à l'humanité tout entière. J'ai pris conscience que, par-delà notre histoire et nos différences, nous éprouvons tous les mêmes peines, les mêmes joies, les mêmes craintes…

Haya se révèle, au final, dotée d'une formidable puissance d'intuition. Je me souviens de la visite d'une famille de résident. Les parents arrivent dans le jardin avec leurs enfants pour voir leur fils. Haya se crispe d'un coup, dès leur arrivée. Un peu plus tard dans la soirée, je parle avec des collègues de ces visiteurs. L'une d'entre elles me raconte leur histoire, assez tragique et surtout violente. En écrivant mon journal de bord, le soir, je m'aperçois que la tension qu'Haya avait manifestée n'était sans doute pas liée au hasard. Elle était comme l'écho des troubles de cette famille à l'histoire blessée.

Il est important de ne pas oublier qu'Haya est une femme adulte qui accepte, avec beaucoup d'humilité, de se faire assister jusque dans les plus petits actes du quotidien. Pour une personne qui a tout perdu, jusqu'à la vue et la parole, alors qu'elle a été valide un jour, je la trouve pleine d'humour, de vie et de joie. Il lui arrive, certes, d'avoir quelques troubles liés à son histoire, comme certains TOC (troubles obsessionnels compulsifs) et le besoin de répéter les mêmes choses. Besoin de rituels pour la rassurer comme pour retenir les derniers fragments d'une vie en dégénérescence. Ayant ainsi perdu certaines de ses capacités, Haya en a développé d'autres. Je crois que sa sensibilité envers autrui est intimement liée à son histoire. C'est comme un sixième sens qu'elle aurait éveillé à la suite de sa maladie. Un mode de protection, une forme d'empathie augmentée par une sensibilité spéciale ? Je ne sais pas exactement pourquoi

Haya a développé cette extraordinaire faculté à saisir ce qui se cache au plus profond des autres. Mais je crois que ce don est le fruit de son vécu. C'est aussi une belle leçon de vie : pouvoir transformer une faiblesse en force.

Haya aura été, à mes yeux, un véritable témoin de paix dans un pays divisé. Grâce à sa grande sensibilité, à son humilité et à son empathie, mais surtout grâce à sa capacité à déchiffrer les situations et les gens. C'est comme si elle pouvait lire dans le cœur de chacun. En me mettant au service d'Haya, j'ai réalisé que les Palestiniens et les Israéliens étaient tous des hommes et des femmes dignes d'intérêt. Le handicap d'Haya l'empêche de cerner les problèmes politiques, sociaux ou économiques. Pour elle, le racisme ou l'idéologie politique n'ont aucun sens. Elle est incapable d'adhérer à un parti ou d'en détester un autre. Haya accepte ou non les personnes en fonction de ce qu'elle ressent. Plus qu'un stratège militaire ou un homme politique, elle sait lire dans le cœur de chacun, saisir la paix ou la violence enfermée au plus profond de nous.

Frère Pedro ou l'ami des chats

« Il n'y avait rien de très organisé, très préparé. Tout a été fait un peu "à l'arrache", mais que c'était beau ! J'avais l'habitude de grandes cérémonies très solennelles et très priantes avec de beaux chants, de belles liturgies et beaucoup de monde. Là, nous étions dans la petite chapelle des sœurs qui était pleine à craquer, nous avons eu la messe dans quatre langues différentes : l'ordinaire en français, lectures, psaumes et chants en français, arabe et espagnol et homélie en anglais. »

Extrait de mon rapport d'étonnement, 8e mois

Petit, trapu et musculeux, voici mon cher ami Pedro. Ou devrais-je plutôt dire, mon cher frère... Le frère Pedro est, en effet, un religieux franciscain qui vit à Aïn Karem, au sanctuaire de Saint-Jean-Baptiste. Le visage tout rond, des cheveux grisonnants, il porte une bure couleur caramel qui nous ramène tout droit à l'époque de saint François d'Assise. Un habit intégralement marron, avec une légère touche de blanc, la longue corde nouée à sa ceinture.

Plus franciscain que lui, je n'en connais pas. L'une des caractéristiques de cette congrégation est l'amour de la Création, de la faune et de la flore. Mais le frère Pedro ne se contente pas de les aimer, il vit littéralement avec elles. Ma première visite à Casanova m'a tant marquée que j'ai l'impression qu'elle date d'hier. Casanova est le nom donné au lieu, entièrement rénové par le frère Pedro, qui accueille pèlerins et voyageurs. La première fois que j'y suis entrée, je me suis littéralement étalée de tout mon long sur le magnifique carrelage du réfectoire. Un chien, aidé d'un chat, a foncé tout droit sur moi, me faisant perdre l'équilibre. Je me suis rattrapée tant bien que mal au comptoir. Le frère Pedro m'a accueillie avec un grand sourire, sans vraiment se soucier de mon entrée mouvementée. Lorsque j'ai repris mes esprits, je me suis aperçue que le réfectoire tout entier était peuplé par des chats. Il y en avait partout : certains étaient tranquillement posés sur les tables, quelques-uns couraient de long en large dans la pièce et d'autres étaient perchés sur des meubles. J'apprécie la compagnie des chats. Mais j'ai tout de même été assez surprise d'en voir autant autour d'un seul maître ! J'étais stupéfaite que le frère Pedro puisse accueillir pèlerins et voyageurs dans ce réfectoire remplis d'autant d'animaux. Mais j'ai vite compris que cela faisait justement tout le charme de ce lieu. À peine rétablie en position verticale, j'ai commencé à échanger avec le frère. Il me répondait en trois langues différentes, le tout en l'espace d'une minute. À travers ses paroles chantantes pleines de vigueur et d'entrain, il m'a parlé des tarifs de la maison et m'a invitée à loger là ma famille lors de son séjour en Terre sainte.

Bien que son nom ait une consonnance espagnole, le frère Pedro est originaire de Pologne (ce qui explique d'ailleurs son fort accent). Très jovial et bavard, il connaît à peu près tous les habitants d'Aïn Karem ou, du moins, ceux qui veulent bien se laisser approcher par lui. Les Filles de la Charité recourent souvent aux services des Franciscains pour la célébration d'une messe. Il arrive que ce soit frère Pedro qui vienne à cette occasion. Aïn Karem est un petit village. Cela facilite la création de liens. Les Franciscains sont de bons amis des Filles de la Charité depuis longtemps. Des séminaristes de Casanova viennent une journée par semaine proposer des ateliers musicaux aux résidents. Cette vie de communauté est très appréciable et change beaucoup de l'atmosphère individualiste de l'Occident.

Le frère Pedro a été un personnage très marquant pour moi. D'abord à cause de sa personnalité tout à fait excentrique et de la lumière très vive qui se dégage de sa personne. Sa manière de vivre se rapproche grandement de celle du fondateur de sa congrégation. Perpétuellement entouré de chats et de chiens, il aborde les gens avec une belle simplicité. Il est fraternel et direct.

C'est d'ailleurs lui qui a sauvé la fête de Pâques ! Pâques 2020, je m'en souviendrai toute ma vie. C'était la première année où nous devions fêter Pâques tout en étant complètement confinés ! Nous ne savions pas vraiment si nous aurions des célébrations pour la Semaine sainte... Les sœurs commençaient à dire qu'il nous faudrait les visionner à la télévision. Forcément, mon binôme et moi n'étions pas vraiment enchantés de cette perspective ! Il était comme moi volontaire pour l'Œuvre d'Orient. Nous étions désemparés après presque deux mois de confinement sans pouvoir visiter le pays. La situation était aux antipodes de nos rêves : nous nous étions tellement préparés à vivre l'une des plus belles Pâques de notre vie.

Vivre cette fête en Terre sainte signifie, par exemple, se mêler à la magnifique procession des Rameaux dans la vieille ville de Jérusalem. Celle-ci et toutes les autres merveilles liturgiques, vécues dans les pas de Jésus, allaient nous passer sous le nez !

Sœur Norma essayait de contacter différents prêtres, dans l'espoir que l'un d'eux nous réponde favorablement. La Semaine sainte a été, malgré tout, un souffle d'espoir, notamment grâce au frère Pedro. Avec quelques employés chrétiens, nous avons même réussi à organiser un chemin de croix lu en arabe, en français et en anglais. Mais, pour autant, la messe de Pâques n'était pas encore assurée. Cela n'empêchait pas sœur Norma de décorer la chapelle avec de jolies fleurs cueillies dans le jardin.

L'absence de réponse positive des prêtres sollicités pour la vigile pascale commençait à nous inquiéter. Mais il fallait compter avec l'imprévisible frère Pedro ! Le soir même de la vigile pascale, nous l'avons vu débouler avec un sourire rayonnant. Il avait finalement réussi à se libérer pour venir célébrer Pâques avec nous. C'était un immense soulagement pour les sœurs comme pour nous. Mais la surprise ne s'arrêtait pas là ! Bon nombre d'employés palestiniens logeaient au centre durant la période du confinement. Cette solution était très éprouvante pour eux car ils ne voyaient plus leur famille, ni leurs amis. Ils vivaient sur leur lieu de travail depuis maintenant deux mois. Certains d'entre eux étaient chrétiens. Nous avons eu la joie de les inviter à vivre cette messe de Pâques avec nous.

Cela a été la plus belle vigile pascale de ma vie. Il n'y avait ni liturgie soignée, ni chorale polyphonique, ni grands ornements. Pas d'orgue ni d'encens. Seulement le frère Pedro qui célébrait avec beaucoup d'émotion sa vigile pascale. Il y avait dans ses yeux le même feu que dans le barbecue qui avait servi à allumer le cierge pascal. Eh oui, nous avions fait avec les moyens du bord ! Le frère priait avec beaucoup de ferveur en anglais, en français, en arabe et aussi en espagnol. Comme si la Pentecôte avait déjà commencé à Pâques ! Avec nos collègues de travail, nous chantions comme des enfants tout en tenant nos bougies. Ce moment était comme déconnecté de la réalité, tout en ayant un goût de vérité. C'était le rayon d'espoir tant attendu durant cette période difficile.

Le plus magique était l'émotion du frère Pedro qui présidait seul, pour la première fois, une vigile pascale. Habituellement, il concélébrait avec ses frères. Il était si touché qu'il nous a remerciés au moins vingt fois de lui avoir permis de vivre ce moment exceptionnel. De notre côté, nous étions tellement reconnaissants envers lui d'avoir sauvé notre Pâques que nous étions presque gênés par ses remerciements. Cette messe de Pâques 2020, dans le petit village d'Aïn Karem, perdu dans les vallées d'Israël, en plein confinement, aura été un moment inoubliable. Autant pour mes collègues palestiniens que pour les sœurs ou les volontaires, cela a été pour tous un souffle d'espoir et de partage très intense. Nous formions une assemblée hétéroclite tout à fait inattendue, rassemblée par un « pas grand-chose » en apparence. Il y avait les religieuses du centre, quelques pères de famille palestiniens fatigués par la pandémie, un franciscain tombé du ciel et deux petits Parisiens. Qui aurait pu imaginer une telle *ecclesia*, constituée de personnes aussi différentes qui n'avaient rien en commun sinon l'amour de Jésus ? Et c'était ça, finalement, l'essentiel. Ce moment de bonheur sans nuage, partagé cette nuit-là, demeure un trésor inestimable à mes yeux. Aujourd'hui, je ne partage plus grand-chose avec ces personnes, voire rien du tout. Cependant, la joie immense vécue ensemble me permet de me sentir encore liée à chacun des participants.

Le frère Pedro a également été celui qui a permis à ma famille de me rendre visite. Elle a pu loger à

Casanova, un accueil des pèlerins tenu par les frères franciscains, situé à cinq minutes de mon travail. Nous n'aurions pas pu rêver mieux ! Frère Pedro restera pour moi un symbole de réunification dans un pays traversé par un affreux mur. Réunir, rapprocher, relier. Le frère Pedro semble avoir reçu d'en haut ce mystérieux pouvoir. Il est lui-même un signe de paix. Sans oublier que le frère Pedro m'a aidée à faire la paix avec moi-même – grâce au sacrement de réconciliation. Dans ma vie écartelée de volontaire, entre Paris et Jérusalem, il m'a permis de refaire l'unité. J'avais tant besoin de partager en famille ces sentiments très forts vécus en Terre sainte et aussi de leur faire éprouver le charisme étonnant de ces frères mendiants accrochés aux Lieux saints. Frère Pedro est une figure de paix par son accueil et sa disponibilité. L'accueil inconditionnel de l'autre n'est-il pas le premier pas vers la paix ? Avec le frère Pedro, j'ai pu respirer avec mes deux poumons, celui de l'Orient et celui de l'Occident. Il a été le témoin privilégié de cette nouvelle existence, un aumônier invisible ou plutôt un ange gardien. Certes, il n'a pas pris trop de place mais il a été présent. Invisible et pourtant toujours disponible, caché au milieu d'une colonie remuante de matous.

Anna ou l'histoire d'une âme dévouée

« Plus on donne de sa personne, et surtout si on se donne avec tout son cœur et sa sincérité, plus on reçoit. Plus je prie et plus je sens la Providence et la présence de Dieu dans ma vie. Plus je m'oublie pour écouter les autres et plus je me retrouve en eux. Plus je m'investis dans la relation aux filles de ma chambre et plus je suis comblée de leur reconnaissance et de leur amour. »

Extrait de mon rapport d'étonnement, 5e mois

Lorsqu'Anna sourit, ses yeux se plissent légèrement et son visage s'illumine. Âgée de la quarantaine, elle arbore sans cesse un incroyable sourire. Ses cheveux épais et noirs lui tombent juste sous la poitrine. Pour le travail, elle les tresse avec beaucoup de soin. Tout comme ses cheveux et ses lunettes, ses chemises et ses pantalons sont toujours propres, repassés et sentent bon. Anna aime ce qui est net et bien fait. C'est d'ailleurs ainsi qu'elle fait son travail.

Volontaire à Aïn Karem, elle remplit, tout comme moi, la fonction d'aide-soignante pour un groupe de quatre enfants polyhandicapés. C'est elle qui m'a formée lorsque je suis arrivée. Sa douceur et sa bienveillance envers les résidents sont vraiment déconcertantes. Je crois ne l'avoir jamais entendu crier ni même vu s'énerver. Au quotidien, son calme et sa sérénité sont très appréciables. Lorsqu'elle parle, on dirait presque qu'elle chante. Sa douceur mêlée à son accent espagnol confère à sa voix un singulier pouvoir. Anna vient du Guatemala, ce qui donne cette si jolie couleur à son accent. Cela fait maintenant cinq ans qu'elle travaille au centre Saint-Vincent d'Aïn Karem.

Anna est une « laïque consacrée ». Cela signifie qu'elle a fait certains vœux, à l'image des religieux, mais elle mène la vie des laïcs (ce qu'elle est d'ailleurs). C'est un statut assez particulier et souvent peu connu. Il permet à des personnes de s'unir à Dieu par des vœux solennels, tout en vivant dans le monde et sans être rattachées à une communauté. Anna est une personne très dévouée et cela se manifeste particulièrement lorsqu'elle prie. Tous ses gestes sont lents et gracieux. Une énergie sereine se dégage de sa personne pendant son oraison[1]. J'ai toujours été très impressionnée par les personnes qui s'engagent dans une vie religieuse. Ce détachement du monde – avec tous les renoncements que cela implique – m'a toujours émue. Le mariage et le sacerdoce sont aussi des engagements forts et inspirants. À mon échelle de jeune adulte, l'engagement se situe, pour le moment, dans la mission que j'ai menée en Terre sainte ou dans mon travail ici en France. Ce sont des engagements temporaires, en échange d'un salaire ou, dans le cadre de ma mission, en échange d'une merveilleuse expérience. Pour Anna, son engagement est une façon de dédier sa vie à Dieu par le service des résidents d'Aïn Karem. Moi en qui mijotent mille projets et objectifs de vie dans lesquels je me perds parfois, je trouve en Anna une belle simplicité dans le don d'elle-même. Elle est une véritable figure de paix, non seulement à travers ses choix de vie mais aussi par son dévouement total au Christ et à ses frères.

Lors de discussions avec elle, je me suis aventurée à lui demander si elle n'aspirait pas à travailler ou à vivre ailleurs. Plus près de sa famille, par exemple… Elle m'a répondu qu'elle sentait

---

1. Faire oraison signifie prier sans réciter de psaume ou autres prières. C'est une forme de méditation, de cœur à cœur avec Dieu.

que le Seigneur l'appelait ici et qu'elle s'y trouvait bien. Le seul projet d'Anna, en dehors de son activité au sein du centre, consistait à guider des pèlerins hispaniques pour découvrir la Terre sainte. Guider, prendre soin, soigner, orienter. Ces verbes décrivent tout à fait la vie d'Anna. Une vie totalement dévouée au Christ par le service des autres, notamment des « plus petits ».

Je me rappelle qu'Anna avait toujours de gentilles attentions pour chacun de nous. À chaque fête ou solennité, elle nous envoyait un mot particulier. Lors de notre anniversaire, elle avait également une attention toute spéciale. Je me souviens aussi qu'avec mon binôme (un autre volontaire de l'Œuvre d'Orient), nous étions partis à trois heures du matin pour l'aéroport le jour de notre retour en France. Anna s'était levée pour nous dire au revoir et nous serrer dans ses bras. Elle ne souhaitait pas le faire avant, mais juste au moment de notre départ. Elle n'avait pas besoin d'offrir de cadeau. Le cadeau de sa présence était suffisant. Ses petites attentions étaient si justes, si vraies et si adaptées qu'elles étaient plus précieuses que tous les cadeaux du monde. Le jour de mon arrivée à Saint-Vincent, Anna m'avait accueillie avec un large sourire. Cela m'avait permis de me sentir tout de suite plus à l'aise. Les premiers jours sont souvent délicats lorsque l'on ne connaît encore personne, et d'autant plus dans un pays qui n'est pas le nôtre. Sa présence m'a tout de suite apaisée.

Avec d'autres volontaires, nous avions coutume de surnommer Anna la « sainte femme ». Sa patience et sa bienveillance dépassent réellement l'entendement. Il m'est d'ailleurs difficile de l'exprimer avec des mots. C'est elle qui m'a tout appris : faire les toilettes, l'habillage, nourrir les résidents et prendre soin de leurs corps. J'ai appris d'elle des gestes doux et des attentions délicates. Anna voulait toujours le meilleur pour les résidents. Elle prenait le temps qu'il fallait, quitte à faire durer son service. Lorsqu'elle le terminait, elle allait systématiquement aider des collègues toujours à la tâche. J'ai eu un choc, plus tard, lorsque je me suis mise à travailler avec des employés. Leurs gestes étaient brusques, il n'y avait pas de tendresse dans leur attitude, mais plutôt de l'agacement. Ils faisaient tout pour terminer leur service le plus vite possible. Mais on ne se débarrasse pas de personnes comme on se débarrasserait d'un devoir ennuyeux. Anna m'avait transmis le don de soi. Ne pas faire quelque chose par obligation ou pour y percevoir un quelconque intérêt, mais le faire gratuitement. La gratuité dans le don est essentielle, sinon ce n'est pas vraiment un don. Le don de soi, n'est-ce pas l'acte d'amour le plus fort ? Se donner sans rien attendre en retour. N'est-ce pas ce que Jésus lui-même a fait, en donnant jusqu'à sa vie par amour pour nous ? N'est-ce pas un puissant vecteur de paix que le don total de sa personne ? Je ne sais pas pour vous mais, de mon côté, j'ai énormément de mal à me donner sans rien attendre en retour. J'attends au moins d'être aimée en échange ou de recevoir une gratification, qu'elle soit humaine ou matérielle. Je ne sais toujours pas comment Anna fonctionne pour parvenir à aimer autant, elle se contente d'aimer sans retour.

Sœur Paola ou la religieuse « commando »

« Nous avons la chance d'avoir ces figures maternelles auprès de nous ; elles nous rassurent, nous encouragent, prennent soin de nous et nous consolent parfois. Les sœurs font partie de ma vie ici, je ne les considère pas comme mes employeurs ou mes supérieures, mais comme des petites mamans. Nous partageons également de nombreuses choses avec elles : la prière, le travail, quelques repas, quelques sorties et simplement des moments du quotidien. »

Extrait de mon rapport d'étonnement, 4e mois

Lors de mon arrivée à l'aéroport Ben Gourion, je suis accueillie par une petite religieuse toute vêtue de blanc qui me fait de grands signes. J'arrive intimidée et sans savoir quoi dire, un peu déboussolée par tout ce qui m'arrive, la réalisation de mon projet de volontariat et le commencement de ma mission... Ce petit bout de femme me prend alors dans ses bras et m'assaille de questions. Elle finit par m'entraîner dans une boulangerie et m'offre des beignets au fromage. Dans la voiture, sans aucun moment de pause, elle m'explique mon emploi du temps des prochains jours ainsi que le fonctionnement du centre Saint-Vincent. Puis, aussitôt arrivée à bon port, elle me présente à une autre volontaire, me laisse faire sa connaissance et dîner.

Plus tard dans la soirée, alors que je prends tout juste mes marques, je revois la petite religieuse s'approcher de moi avec un grand sourire. Elle me demande si je suis bien installée. Fille de la Charité et directrice du centre Saint-Vincent, Sœur Paola est un véritable personnage ! Si on m'avait dit au début de ma mission que je la présenterais un jour comme une figure de paix, je me serais interrogée. Mais elle est sans aucun doute l'une des plus fortes figures de paix de mon aventure, par sa force de caractère et surtout par ses leçons d'humilité.

Cette femme de petite taille, âgée d'une soixantaine d'années, a été comme l'âme de ma mission. Ses cheveux couleur de lune dépassent à peine de son voile. Sa peau est usée par le soleil et ses yeux très expressifs sont ornés de nombreuses rides à force de sourire sans discontinuer. Mais derrière son apparence de religieuse joviale se cache une personnalité de feu. Sœur Paola a un caractère bien trempé ! Elle mène d'une main de fer toute son équipe et ne garde pas sa langue dans sa poche. Avec une rare énergie, elle dirige le centre Saint-Vincent depuis plusieurs années. Son quotidien n'est pas facile tous les jours, loin de là. Mais elle garde son sourire rayonnant. Avec une tendre maladresse, elle essaye de compenser les refus à nos requêtes par des cadeaux, plus nourrissants – sucreries et chocolats – les uns que les autres. Les Libanais sont apparemment très cadeaux. Il n'y a aucun doute sur le fait que sœur Paola soit bien libanaise !

Avec elle, il est très important de passer du temps en dehors du travail pour créer un lien d'amitié. C'est assez particulier d'entendre parler de lien d'amitié entre un responsable et son employé, mais ici, en Terre sainte, au centre Saint-Vincent, nous formons comme une grande famille. Mon chef de service m'appelait *habibti*, ce qui signifie en arabe « ma chérie ». Avec sœur Paola et les autres sœurs du centre Saint-Vincent, sœur Nour et sœur Sabrine, nous partagions souvent un repas, un goûter, la messe quotidienne et des sorties. Ces temps libres nous ont beaucoup rapprochées. Je me souviens d'une sortie dans le

Golan avec les sœurs et d'autres volontaires. Nous étions partis en voiture avec des pique-niques pour la journée. Seulement, les sœurs avaient vu grand ! Elles avaient apporté trois énormes glacières remplies d'*hummus*, de pain, de fromage, de salade, de tomates, de jambon… Sur le chemin du retour, il nous restait énormément de nourriture. Alors que nous passons par le désert de Judée, nous croisons un jeune homme qui nous fait de grands signes. Sœur Paola fait signe d'arrêter la voiture. Notre interlocuteur nous demande si nous avons à manger. C'est un nomade du désert. Ces personnes sont souvent très pauvres et manquent donc du strict nécessaire. Sœur Paola sort de la voiture avec deux autres sœurs et elles se mettent à vider le coffre au milieu de la route. Elles ouvrent les glacières et les sacs et donnent au jeune homme la majorité de nos réserves. Il y en avait tellement qu'il ne savait pas trop comment il allait pouvoir transporter autant de choses jusqu'à son campement !

Généreuse, oui, Sœur Paola l'est. Mais elle est aussi très téméraire ! Une anecdote m'a beaucoup marquée et montre bien son tempérament. C'était en mars 2020, donc au début de l'épidémie de Covid-19 ; l'annonce du confinement était toute proche. Beaucoup de volontaires disposant d'un visa de tourisme ont été contraints par le gouvernement israélien de quitter le territoire. Malheureusement, certaines de mes amies étaient touchées par cette obligation. Deux d'entre elles devaient prendre le même avion pour rentrer en France. L'une était avec moi à Aïn Karem, Laurianne, et l'autre à Bethléem, Clara. À cause de la crise sanitaire, les autorités palestiniennes avait décidé de fermer les frontières pour éviter la propagation du virus: personne n'entrait et personne ne sortait. Bethléem se situant en Palestine, Clara s'y retrouvait donc bloquée. Elle ne pouvait pas en sortir, même pour prendre son avion. Comment allait-elle faire pour rentrer, combien de temps cela prendrait-il? Clara commençait à être très angoissée par cette situation. À l'extérieur du centre, à ce moment-là, avec Laurianne, j'ai appelé sœur Paola pour lui exposer la situation. Nous lui avons expliqué la détresse de notre amie et l'avion qu'elle devait prendre le surlendemain. En deux temps trois mouvements, sœur Paola avait déjà passé trois appels différents via des collègues de travail. Laurianne, comme moi-même, ne savions pas exactement ce que sœur Paola comptait faire. Après une trentaine de minutes, de retour au centre, nous avons vu Clara dans la cour. Nous n'en revenions pas! Clara nous explique alors que sœur Paola l'avait contactée pour lui demander de faire rapidement sa valise et d'être dans la rue quinze minutes plus tard. Une voiture s'est alors arrêtée devant elle. Un jeune homme l'a invitée à y monter, lui expliquant qu'il était chargé de la conduire à Aïn Karem. Sans vraiment se poser de questions, Clara, déconcertée, s'est engouffrée dans la voiture. Les frontières et les check points étant tous fermés, il a donc fallu que ce convoi spécial passe par une vieille frontière non surveillée et méconnue. Avec Laurianne, nous étions suspendues aux lèvres de Clara qui nous contait son aventure avec beaucoup d'entrain. Lorsque sœur Paola est arrivée, nous nous sommes empressées de la remercier et surtout de lui demander comment elle avait pu réussir un tel exploit. Elle nous a alors expliqué très calmement qu'elle avait simplement contacté le neveu d'un employé. Elle a chargé ce dernier de conduire d'autorité une jeune femme à Bethléem, prétextant qu'elle devait être hospitalisée d'urgence à l'hôpital. Ce subterfuge a permis au convoi de pénétrer dans la zone interdite. L'affaire était dans le sac ! Il suffisait ensuite de prendre Clara au vol et de repartir par un chemin non surveillé. On aurait dit le premier épisode d'une série Netflix ! Clara était tellement choquée par ce qui venait de lui arriver, qu'elle ne réalisait pas vraiment la chose.

Ce n'est pas la seule mission commando entreprise par sœur Paola ! Lors de la longue crise sanitaire, un problème spécial est survenu au centre Saint-Vincent. C'était toujours pour la même raison : la fermeture des frontières entre la Palestine et Israël. Il faut savoir que la majorité des employés du centre Saint-Vincent vivaient à Bethléem, de l'autre côté de la frontière. Sœur Paola était donc en grande détresse car les résidents ne pouvaient pas se passer de soins et le manque d'effectif devenait très inquiétant. Un matin, elle s'est emparée du volant d'une voiture familiale avec un employé. Objectif : rallier Bethléem. Elle téléphone à tous les employés résidant sur place, leur demandant de se tenir au garde-à-vous. Elle les avait déjà prévenus au préalable, en leur demandant s'ils étaient prêts à se confiner à Aïn Karem pour continuer leur travail. La majorité d'entre eux avait accepté. Sœur Paola, grâce à son statut de religieuse, est parvenue à entrer dans Bethléem. Une fois à l'intérieur des Territoires occupés, elle est allée de maison en maison, entassant les passagers dans la voiture. C'est au moment du retour que l'histoire prend un tournant tout à fait exceptionnel. Il était inévitable de se faire arrêter au check point. C'est donc ce qui arriva. Le jeune militaire aperçoit une camionnette blanche, avec une plaque du consulat français, remplie comme un œuf avec une petite religieuse en tête de délégation. Il trouve la situation plutôt louche et demande à voir les cartes d'identité tout en expliquant que le passage est interdit. Le soldat indique également qu'il est interdit d'ouvrir la vitre pour montrer les cartes d'identité. Sœur Paola évidemment n'en tient aucun compte. Elle ouvre la vitre en grand, enlève son masque et sort sa tête par la fenêtre en faisant semblant de ne pas avoir entendu. Le militaire a un mouvement de recul. La religieuse indique alors à son chauffeur de démarrer à toute vitesse. La voiture s'évanouit dans un nuage de poussière, laissant derrière elle le mur de Bethléem et le soldat éberlué. Sacrée sœur Paola ! Rien ne l'arrête, pas même le Covid !

Dotée d'une forte personnalité, sœur Paola est tellement généreuse, téméraire et toujours intrépide pour le service des autres. Mais, au-delà du personnage tout à fait excentrique et incroyable, sœur Paola dégage quelque chose de très touchant. Même si elle paraît très rude et sûre d'elle-même au premier abord, j'ai été surprise de découvrir en elle un être d'une profonde sensibilité. J'ai découvert cela quand elle est tombée malade, tellement malade qu'elle a dû être hospitalisée pendant plusieurs jours. À son retour au centre, elle a rassemblé tous les employés pour faire un discours. Sa voix commençait à trembler et ses yeux se remplissaient de larmes. Elle nous témoignait sa gratitude pour le travail que nous faisions auprès des résidents. Elle disait qu'elle avait ressenti ce qu'ils pouvaient ressentir : être fragile et dépendre des autres pour survivre. Pour une femme de feu comme sœur Paola, devenir dépendant d'autrui a certainement été très difficile à vivre. Cet élan d'humilité et de reconnaissance, venant d'une femme qui le plus souvent « rouspète » et commande, était très surprenant. Et tellement touchant.

Un autre épisode m'a dévoilé le cœur tendre de cette sœur commando. Avec un autre volontaire, nous allions rentrer en France et voulions lui faire un petit retour sur l'ensemble de notre mission. Nous énumérions les joies et les points positifs. Mais le moment était aussi venu de dire des choses plus difficiles. Nous exposions à sœur Paola plusieurs nœuds compliqués concernant le fonctionnement du centre, la prise en charge des résidents ou encore le traitement des salariés et leur manque de formation. À notre grande surprise, sœur Paola n'a pas tenté de se justifier ni de nous couper la parole pour détourner la conversation. Non, elle a pris le temps de nous écouter puis nous a remerciés. Elle nous a confié ensuite qu'elle était tout à fait consciente de ces dysfonctionnements et qu'elle n'arrivait pas du tout à améliorer la situation. Assez naturellement, elle nous a alors révélé que sa vocation de religieuse était parfois mise en péril par son statut de directrice. Rendre des comptes à l'État et dépendre de ses lois et de ses financements entraîne la sœur dans des tâches de fonctionnaire. Elle en oublie ainsi de temps à autre la charité chrétienne et entre dans un système administratif qui, pourtant, lui déplaît.

Sœur Paola m'a donné une véritable leçon d'humilité. Il n'est pas difficile de faire de la fausse modestie. J'en suis même arrivée à me demander si chaque service que je rends ou même le choix de mon métier d'éducatrice n'était pas, en réalité, une manière égoïste pour paraître une personne « formidable ». Entre mon métier et ma mission en Israël, j'entends souvent les gens me complimenter pour mon « grand cœur ». Mais ai-je vraiment du mérite à recevoir tous ces honneurs ? Sœur Paola qui est, à l'inverse, une femme dure, ferme et qui n'est pas toujours appréciée, fait preuve d'une belle humilité lorsqu'elle admet ses erreurs, ses difficultés et s'en excuse. Elle ne tient pas le bon rôle car il est de son devoir de reprendre, de rappeler à l'ordre et de diriger. Pourtant, derrière son apparence de femme très sûre d'elle-même se cache un cœur tellement tendre et humble, un souci et une délicatesse de ne jamais se mettre en avant. Et c'est cette humilité profonde qui l'amène à être vraiment en paix, avec elle-même mais aussi avec les autres.

Jésus ou le vagabond des Lieux saints

« Certains, installés sur les marches du Saint-Sépulcre, récitent des psaumes. Il y a aussi Jésus, de son vrai nom John. Cet homme de foi témoigne de l'Évangile à travers sa manière tout à fait décalée de vivre. Il est vêtu d'une cape blanche, pieds nus en toutes saisons. Il met son oreille contre la porte tout en tenant son chapelet à la main. »

Extrait de mon rapport d'étonnement, 9e mois

Alors que je me promène paisiblement dans la vieille ville de Jérusalem, j'aperçois au loin une silhouette hors du temps. Un homme aux cheveux bruns, longs et ondulés, vêtu d'une tunique blanche, nu-pieds et marchant à l'aide d'un gros bâton en bois. Mes yeux s'écarquillent. Je regarde autour de moi, personne ne semble s'interroger sur la présence de cet individu, arrivé tout droit du

Nouveau Testament ! Je guette s'il n'y a pas de caméra cachée. *A priori*, tout semble normal… tout sauf cet individu étrange.

Le pèlerin arrivant en Terre Sainte a deux réactions. La première est heureuse. Il se représente mieux les Évangiles ainsi que la vie concrète de Jésus et de ses apôtres. La seconde est plus douloureuse et décevante. Il ne parvient pas du tout à se représenter la vie de Jésus dans cette ville polluée entourée de buildings contemporains. J'ai vécu les deux extrêmes. À certains moments, je voyais apparaître des épisodes de l'Évangile très clairement et à d'autres, notamment en raison des nombreux touristes, je croyais être à Disneyland ! En voyant cet homme dans la vieille ville, j'ai été plongée dans un voyage dans le temps. Au temps de Jésus ! Le plus étonnant était de voir tous les passants le saluer, comme s'il était connu de tous. Que ce soit les orthodoxes, les protestants, les catholiques, les éthiopiens, les melkites ou encore les coptes, tous semblaient l'avoir en sympathie.

Lorsque je retourne ensuite dans mon centre, encore étonnée de ce que j'ai vu, je parle de cet homme à mes amis volontaires. Tout de suite, ils évoquent Johnny, un Américain très gentil et réputé un peu fou. Que peut bien faire cet Américain vêtu à la mode antique au cœur de la vieille ville de Jérusalem ? Mes amis me racontent que Johnny ne se contente pas de s'habiller comme les apôtres de Jésus. Johnny vit comme eux ! Il n'a ni foyer fixe, ni femme, ni enfants, ni métier, ni sacerdoce ou engagement quelconque. Il témoigne de sa foi par son mode de vie détaché des biens matériels et des mondanités. Cet homme a littéralement tout quitté pour suivre le Christ, à commencer par son pays et sa famille. Il a renoncé à toutes sortes d'attaches humaines et terrestres. Je ne pensais pas rencontrer dans ma vie une personne capable d'un pareil renoncement. Un choix si radical et si déconcertant.

Un autre jour, alors que j'étais au Saint-Sépulcre, je m'étais installée sur un banc pour méditer un moment. C'est là que je revois Johnny qui vient s'assoir juste à côté de moi. Il pose sa canne et s'installe de manière précaire comme si son corps était tout cassé. Je m'aventure à lui poser une question pour entamer un dialogue. Mon cœur bat la chamade. Je demande en anglais à Johnny comment m'inscrire pour passer une nuit au Saint-Sépulcre. Il me montre du doigt une porte en me disant tout bas qu'il faut solliciter les religieux franciscains. Je le remercie, un peu intimidée. Je ne savais plus quoi dire. Alors j'ai pris en silence la direction de l'endroit qu'il avait désigné. Intérieurement, j'étais déçue de n'avoir pas osé lui poser d'autres questions. Où vivait-il et comment ? Le mystère restait entier après ce premier échange éclair.

Du coup, je me suis inscrite grâce à Johnny – et à ma mère venue me rendre visite – pour passer une longue nuit au Saint-Sépulcre. Nous sommes alors quelques jours après Noël. Lorsque le jour J arrive (on devrait dire la nuit N), différents offices se présentent pour le pèlerin nocturne. Nous commençons par la chapelle catholique. C'est là que je retrouve Johnny, toujours pieds nus sur les dalles glacées du Saint-Sépulcre, avec un léger poncho beige pour se couvrir. La nuit, dans cette immense église, il fait pourtant un froid de canard ! J'avais même pris un sac de couchage pour me couvrir en plus de plusieurs couches de pulls et de manteaux. Johnny, lui, semblait complètement détendu comme si le froid n'avait aucune prise sur lui. Je l'avais déjà croisé une fois déambulant sous une pluie torrentielle, pieds nus et revêtu de sa tunique blanche qui virait d'ailleurs vers un gris sale.

Johnny est réapparu à plusieurs reprises comme une sorte de mirage. Mais c'était vraiment lui en chair et en os. Je me souviens d'une apparition de cet Américain atypique à Bethléem. Cette fois, c'était en plein été, dans une chaleur étouffante. J'ai aperçu Johnny assis devant l'église de la

Nativité, un bréviaire à la main. Ses pieds étaient creusés par la sécheresse et sa tête rougie par le soleil. Il portait une tunique plus légère qui lui couvrait quand même l'ensemble du corps. Mais comment pouvait-il vivre toute l'année d'amour et d'eau fraîche ?

Sur place, Johnny était connu comme le loup (l'agneau) blanc. Ce vagabond à la barbe sauvage avait coutume de dormir dans les rues et de se nourrir grâce aux dons des passants et des religieux. Johnny parlait, paraît-il, plusieurs langues notamment l'arabe, l'hébreu et le grec. Avec les volontaires, nous commencions à être habitués à le croiser. Dans les Lieux saints, il n'était pas rare de le voir surgir lors des offices. Nous l'avions logiquement surnommé « Jésus ». Certains de mes amis avaient eu plus de chance que moi. Ils avaient réussi à discuter un peu avec lui. Ils témoignaient unanimement de sa profonde gentillesse. Au final, je ne suis jamais parvenue à échanger longtemps avec lui. Je dois dire cependant que Johnny m'avait parfaitement identifiée. Lorsque mon regard croisait le sien, son visage affichait un beau sourire et il me saluait en hochant la tête.

Johnny n'est pas à mes yeux un asocial mystique. Il a été pour tous ceux qui ont eu la chance de le côtoyer un symbole fort d'union entre les chrétiens.

Je dois dire qu'en Terre Sainte, les divisions de l'Église du Christ s'affichent malheureusement en plein jour. Il y a même une animosité proverbiale entre les orthodoxes et les catholiques pour obtenir un créneau au Saint-Sépulcre, un espace plus grand que celui du voisin. Et pas seulement au Saint-Sépulcre mais dans la plupart des Lieux saints qu'ils doivent se partager. Certains orthodoxes et catholiques s'entendent à merveille. Mais il est quand même dommage de voir tous ces hommes croyant en Jésus-Christ se quereller. Johnny, lui, n'était rattaché à aucune Église particulière. Il était simplement là, assistant aux cérémonies orthodoxes ou catholiques, proche de tous, indépendamment de leur confession. Il faisait de même avec les musulmans et les juifs. C'est comme si Johnny n'avait pas eu connaissance des schismes et divisions qui ont déchiré la tunique unique de l'Église. Personne ne connaissait vraiment son positionnement en la matière. À première vue, Johnny pouvait se rattacher au rite catholique parce qu'il semblait suivre son calendrier liturgique.

Mais qu'importe finalement… Johnny restera à jamais un homme du monde ne vivant pas vraiment dans le monde. Pour moi, il est un authentique témoin de paix et d'union dans un univers moyen-oriental fracassé. À travers toute sa vie, il témoigne de l'abandon et du renoncement. Qui garde sa vie la perdra, nous enseigne le Christ, et qui donne sa vie la gagnera. Johnny a très clairement gagné sa vie en la donnant tout entière au Christ ! Il ne sauve pas uniquement son âme. Il fait un bien fou autour de lui. Il rend vivant l'Évangile, il incarne les Écritures. Combien de simples touristes endormis ont-ils été réveillés à la vue de ce vagabond volontaire aux traits du Christ ?

Esteban ou le soldat de l'utopie

« Heureusement que des associations et communautés religieuses créent des ponts entre ces deux peuples, leur permettant de se côtoyer et d'apprendre à se connaître. »

Extrait de mon rapport d'étonnement, 11e mois

Expatrié français, Esteban vit à Aïn Karem avec ses deux fils. Médecin de formation, il est l'auteur d'une thèse sur l'éthique médicale. Grand intellectuel, il s'est ensuite beaucoup intéressé à la spiritualité et à la géopolitique de la Terre sainte. J'ai fait sa connaissance par l'intermédiaire de mon parrain prêtre, grand spécialiste des pèlerinages en Israël et ami d'Esteban.

Esteban a une vie tout aussi atypique que ses idées. C'est un homme de très grande taille, très mince et très pâle. Ses cheveux blancs laissent apparaître son crâne au centre de sa tête et il est généralement vêtu de vêtements élimés. En un sens, il me fait penser à l'abbé Pierre ! Très investi dans ses idées, excentrique, engagé politiquement, c'est un intellectuel au grand cœur. Il n'est pas marié mais il a adopté deux enfants du Guatemala qui grandissent dans un village juif de Terre sainte.

La première rencontre a lieu dans son immense propriété du village d'Aïn Karem. Esteban possède un vaste terrain doté de petites habitations dans lesquelles sont installés de nombreux artistes. Chacun a sa maisonnette. Il y a des musiciens, des artistes peintres, des comédiens... Au milieu de tout ce petit monde : Esteban. Lorsque j'arrive chez lui, il m'embarque en direction d'une vieille bicoque délabrée non loin de sa maison. Sans me connaître, ce quadra à l'allure d'un chimiste fou me parle d'un projet surréaliste. Il a le souhait de donner une seconde vie à ce cabanon abandonné en construisant, sur ses fondations, un lieu de culte multi-religieux.

La Terre sainte étant le berceau des trois grandes religions monothéistes, je trouve cette idée à la fois périlleuse et ingénieuse. En Israël et en Palestine, il existe un rapport aux croyances que je n'ai jamais vu ailleurs ! La religion y est omniprésente. Lorsque je sors de chez les religieuses de Saint-Vincent de

Paul pour me promener, je croise systématiquement une religieuse en habit, un juif avec ses *tsitsit* ou encore un musulman en *qamis*. À Jérusalem, entre les chants des muezzins et les cloches des églises, on se croirait dans un film exotique, très loin de l'univers occidental sécularisé. Dans le tramway, les femmes juives lisent leur livre de prières. Dans les rues du souk, les musulmans se prosternent sur leur tapis au pied de leur *shop*. Sur le parvis du Saint-Sépulcre, les chrétiens éthiopiens se jettent à plat ventre sur les pavés pour prier. Dans les allées étroites de la vieille ville, des processions franciscaines entraînent les pèlerins et les touristes à suivre le Chemin de croix. Absolument tout ce que je vois me ramène à la spiritualité.

Les croyants des trois grandes religions partagent un profond respect du culte des autres. Il ne viendrait à l'idée de personne d'interrompre quelqu'un qui prie ou de se moquer d'un usage liturgique. Il est impensable qu'un homme digne de ce nom puisse profaner le lieu religieux du voisin. Les querelles ne portent jamais sur la croyance de l'autre, mais sur des choses qui peuvent nous sembler plus futiles. Je m'aperçois chaque jour que le fait de demander à un juif ou à un musulman s'il croit en Dieu est une aberration. C'est un peu comme si vous lui demandiez si un et un font deux. L'appartenance religieuse est d'ailleurs inscrite sur les cartes d'identité. Cependant, il faut une bonne dose d'optimisme – d'utopie ? – pour vouloir, comme Esteban, bâtir un lieu de culte multi-religieux.

Comme le dit un célèbre proverbe : « Chacun chez soi et les moutons seront bien gardés. » C'est une chose de respecter la religion d'autrui ; c'en est une autre de mélanger les croyances. De fait, j'ai constaté maintes fois qu'il n'y avait pas d'échanges entre eux sur ce point. Par exemple, la plupart des juifs vivant dans la vieille ville ne sont jamais entrés dans le Saint-Sépulcre. Les musulmans n'accordent pas d'importance aux dévotions des juifs au Mur des Lamentations. Politiquement parlant, socialement et même religieusement, ces hommes vivent sur une même terre mais ne partagent pas grand-chose d'autre que la géographie. L'intuition d'Esteban me paraît à la fois tout à fait juste et complètement irréaliste. En l'écoutant, je me demande qui pourrait bien vouloir venir prier dans un lieu ne correspondant à aucune confession précise. Un *no man's land* en quelque sorte. Pas d'icône, pas de *menorah*[1] ni même d'étoile de David ou de croissant de lune. Et pourtant, Esteban est soutenu dans ce projet.

1. Chandelier à sept branches, symbole religieux du judaïsme.

Cette idée d'un lieu « neutre » peut paraître, pour certains, sans âme et inhabité. Mais, pour d'autres, c'est un nouvel espace à remplir. Ce projet parle aux colocataires d'Esteban. Parmi ces artistes, des juifs (en majorité), des agnostiques, une famille catholique (celle d'Esteban) et un musulman. Tous partagent ce projet fou. Je suis vraiment touchée par l'amitié forte qui réunit toutes ces personnes par-delà leurs origines culturelles.

J'ai revu plusieurs fois Esteban. Notamment à Abu Gosh, un magnifique monastère situé dans une petite ville en montagne. Ce monastère attire l'ensemble des catholiques français de Terre sainte par sa magnifique liturgie en langue française. À la sortie de la messe, les fidèles se perdent souvent en palabres à propos des dernières évolutions du conflit israélo-palestinien. Pas Esteban. Lui ne se contente pas de parler et de « refaire le monde », comme on dit. Esteban est très investi dans diverses associations qui promeuvent la paix entre Israéliens et Palestiniens. C'est d'ailleurs grâce à lui que j'ai pris connaissance de ce réseau associatif.

Esteban est un acteur de paix authentique, hors du commun. C'est une grâce de pouvoir rencontrer une personnalité aussi unique. Chez lui, les mots sont toujours suivis d'un engagement militant. Cela fait maintenant plusieurs années qu'Esteban habite en Terre sainte, dans le village d'Aïn Karem. Pour un expatrié – qu'il soit européen, asiatique ou africain –, vivre en Terre sainte implique de renouveler un visa chaque année. Esteban n'a pas manqué de me dire à quel point il était excédé de vivre ainsi. Il doit sans arrêt justifier de sa présence sur une terre qu'il considère comme la sienne. Il souhaite vivre le reste de sa vie à Aïn Karem. Cela lui vaut une tonne de démarches administratives ! Ses fils, inscrits dans des écoles israéliennes, ont obtenu rapidement la nationalité. Esteban y pense de son côté.

Des expatriés, il y en a évidemment beaucoup en Terre sainte. Mais il est très rare de rencontrer une personne aussi engagée pour un pays qui n'est pas le sien. Cet homme est littéralement tombé amoureux de cette terre. Cependant, faire le choix d'y vivre malgré les mille difficultés que cela implique – au niveau administratif ou éthique – est très courageux. Esteban est un homme-pont. Pont entre les personnes de croyances différentes, pont entre Palestiniens et Israéliens. Esteban m'a encouragée, à travers son engagement personnel, à faire de même. J'ai compris à son contact, que l'engagement est un premier pas vers la paix. On monte sur le ring pour lutter non pas avec les poings mais avec son cœur. C'est un combat qui engage les convictions profondes.

De l'extérieur, toute cette agitation utopique pourrait sembler vaine. Mais je ne le crois pas, même si la plupart des associations soutenues par Esteban restent méconnues. Même si les manifestations en faveur de la paix ne durent qu'une petite journée et qu'elles ne retiennent l'attention qu'une minute dans les actualités du journal quotidien. Cela dit, en l'absence de tous ces efforts, à quoi ressemblerait notre monde ? Les personnes comme Esteban ont une noblesse rare. Ce dernier offre une certaine forme de reconnaissance aux multiples victimes du conflit israélo-palestinien. Son action n'est donc pas négligeable. J'admire Esteban, toujours sur le front, en position de combat, soldat de la paix contre une armée de politiciens virulents ou de citoyens indifférents.

Sœur Isabelle ou un visage transfiguré

« Hier soir, j'ai essayé de compter combien de signes d'amour, de reconnaissance, de compassion, de tendresse et de pardon j'avais reçus dans la journée. Il y en avait beaucoup. J'ai ensuite fait de même pour ceux que j'avais exprimés. Il y en avait également pas mal. Si l'on n'y prête pas attention, on ne les voit pas. Souvent aveuglés par notre orgueil, nous ne voyons plus ce qui est essentiel. Mais pourtant ils sont là, ces "petits riens". Il suffit de tendre l'oreille pour les entendre. »

Extrait de mon mémoire pour le diplôme de solidarité internationale, « Les petits riens du quotidien »

Lorsque ma mission arrive à son terme, au mois d'août 2020, je décide de faire une petite retraite chez les sœurs de Bethléem[1]. Elles ont un couvent

1. Congrégation religieuse française présente en Terre sainte.

à Deir Rafat, dans les montagnes d'Israël. C'est un endroit vraiment merveilleux. Le monument est beau, les jardins bien entretenus et fleuris, avec un petit côté sauvage. À l'intérieur, tout est décoré avec goût, que ce soit l'église, les parties communes ou les chambres. Il y a de magnifiques icônes un peu partout, certains passages de l'Écriture ou encore des noms de lieux saints sont attribués aux espaces de vie. Le monastère en lui-même a une beauté toute particulière avec ses vieilles pierres blanches. La manière dont il est mis en valeur est toute simple, avec des couleurs pastel et des objets en bois clair. Cela lui confère une atmosphère de quiétude. Le vrai trésor de ce lieu se trouve cependant chez les religieuses qui y vivent. Elles sont toutes très souriantes, accueillantes, avec des regards bienveillants. Elles sont vêtues d'un habit bleu ciel et d'un voile blanc, leur donnant presque l'apparence de la Vierge Marie.

L'une d'elle m'a particulièrement marquée. C'est sœur Isabelle. Nul besoin de détours poétiques ni de longues descriptions pour se l'imaginer. Son portrait sera naturel, à son image. Une belle simplicité, que ce soit dans ses gestes, sa manière de parler ou de prier, une simplicité qui l'incarne dans tout ce qu'elle fait. Tout ce qu'elle entreprend semble être appliqué avec tant d'aisance que cela paraît toujours facile. Il y a une grâce particulière et indescriptible qui se dégage d'elle. Sa manière d'être me fait songer aux circassiens qui évoluent dans les airs, à tous ces trapézistes, acrobates ou gymnastes qui font preuve d'une assurance exceptionnelle et apparemment sans efforts. Ces artistes exécutent leurs figures avec un art si consommé qu'elles paraissent simples à réaliser. Il en va de même avec sœur Isabelle.

Tout ce que sœur Isabelle met en œuvre donne l'impression de l'évidence. Lorsqu'elle ouvre la bouche, c'est toujours avec le sourire et ses yeux pétillent d'énergie. Sa posture est accueillante et ses gestes délicats. Elle renvoie une image d'humilité dont elle n'a pas conscience et qui laisse percevoir tant de choses de sa beauté intérieure. Poussée par son exemple, j'ai essayé ensuite de l'imiter un peu... Le résultat n'a pas été très concluant! Je me suis vite rendu compte que sa posture si douce était une chose presque impossible à tenir. Il est possible d'y parvenir à certains moments mais, bien souvent, mes émotions, mes sentiments ou ma fatigue ont pris le dessus. En y réfléchissant, je me dis aujourd'hui que sœur Isabelle doit certainement être comblée de grâces divines pour parvenir à maintenir cet état de quiétude. Cette douceur et cette joie viennent sûrement d'un autre monde que le nôtre.

En sa présence, à la fois discrète et rassurante, j'ai trouvé un nouvel espace dans lequel déposer tous mes maux. Je n'ai eu aucun mal à lui ouvrir mon cœur. Moi qui, d'habitude, éprouve tant de difficultés à me livrer aux autres – même à de bons amis – j'ai trouvé en elle une confidente. De nature très réservée, je suis plus à l'aise dans l'écoute que dans la communication de mes secrets. Je me libère essentiellement dans la prière ou dans l'écriture. Sinon, je reste en retrait. Je me suis donc étonnée moi-même à délier ma langue avec sœur Isabelle, comme par miracle. J'ai finalement versé des larmes devant cette femme que je ne connaissais pas. Cet étrange pouvoir d'écoute, j'ai voulu en faire mémoire dans ce livre. Un pouvoir fascinant et bienfaisant qui repose sur une vision optimiste de l'avenir. Sœur Isabelle a réellement marqué mon esprit et elle m'a permis de clôturer mon expérience en Terre sainte de la plus belle manière, c'est-à-dire dans l'action de grâce.

Malgré la tristesse qui m'envahissait à l'idée de quitter ce pays et tous les amis que j'y avais trouvés, elle me poussait vers l'avant. Quels que soient mes regrets ou ma culpabilité, sœur Isabelle m'a permis de ne ressentir qu'un seul et principal besoin avant de partir : celui de rendre grâce au Ciel pour cette merveilleuse année. À son contact, j'ai été comblée d'une consolation immense. Je ne faisais que pleurer de joie. En me souvenant de ces instants bénis, je me dis – comme les chrétiens d'Éthiopie croisés au Saint-Sépulcre – que j'ai eu le privilège du don des larmes. Un seul mot comptait alors : la reconnaissance. Je ne cessais de crier « merci » dans mon cœur. Là où je voyais seulement de l'inachevé, sœur Isabelle m'a permis de voir en filigrane tout ce que j'avais accompli. Là où je ne voyais que futilité, sœur Isabelle m'a ouvert les yeux sur le caractère si précieux des toutes petites choses du quotidien. Ces « petits riens » conservent encore aujourd'hui une saveur de fierté et d'allégresse.

Chez sœur Isabelle, l'empathie est une force puissante. À force de se réjouir avec moi des bienfaits de la Terre sainte, à force d'être émue en profondeur tout autant que moi au souvenir des bons moments passés, à force de rendre grâce à Dieu pour moi dans ses prières, elle m'a enseigné à bannir la nostalgie. Et l'amertume qui va avec. Cela dit, refaire cet exercice aujourd'hui ne va jamais de soi. Ce regard surnaturel sur ma vie n'est pas automatique. Ce qui vient naturellement, c'est autre chose. Je me focalise sur le négatif et j'évacue la beauté du quotidien. Sans y prendre garde, je laisse perdre ces « petits riens » qui font le sel de l'existence. Par exemple, le sourire radieux d'un enfant autiste, le petit mot d'encouragement de ma collègue, la marque d'attention presque invisible de mon compagnon, un regard limpide, la chaleur d'un rayon de soleil sur mon visage.

Quel est le secret, au final, de sœur Isabelle ? Je sais qu'elle prie tous les jours pour les habitants de Palestine et d'Israël. Elle intercède pour leurs difficultés, leurs discordes et leurs âmes en souffrance avec une ardeur décuplée chaque jour. Je trouve cette vocation extraordinaire. Elle m'a clairement confié que sa mission était d'intercéder de cette manière. Évidemment, personne ne se rend compte de l'impact réel de sa prière pure et dévouée pour le monde. C'est la raison pour laquelle il me semble si important de faire connaître le charisme de sœur Isabelle et de ces contemplatifs qui intercèdent pour nous.

Sœur Isabelle n'est pas uniquement un témoin de paix. Elle est actrice de paix par sa prière fidèle et quotidienne. Ce n'est pas une chose visible et palpable et, pourtant, elle est mystérieusement efficace. C'est un acte à part entière que de prier pour le monde. Un acte humble, imperceptible et pourtant si puissant. Avant de rencontrer sœur Isabelle, j'avais du mal à comprendre la logique des contemplatifs. Il est plus facile de voir les fruits du labeur des sœurs apostoliques qui font œuvre de charité. Les contemplatifs, eux, semblent se contenter de prier, isolés dans leur monastère. Avant de connaître sœur Isabelle, je ne voyais pas bien en quoi ces religieuses pouvaient être utiles à la société.

Au-delà même de leurs prières silencieuses, ces religieuses ont une vocation d'accueil et d'accompagnement spirituel. Je ne connais certes pas toutes les communautés religieuses contemplatives, mais je sais maintenant que les sœurs de Bethléem ont véritablement reçu ce charisme. Je voudrais tant rendre hommage à cette communauté aux visages transfigurés. Je demande à Dieu de faire rayonner plus encore leur charisme. À l'image de sœur Isabelle qui, en m'ouvrant la porte de son couvent, a réussi à déverrouiller la porte de mon cœur profond en libérant l'action de grâce en moi.

Hamed ou *ahla oushela*

« Ce que je retiens de cette expérience en Israël, ce sont aussi les moments partagés avec les locaux, les amitiés qui se sont construites et les rencontres incroyables que j'y ai faites . »

Extrait de mon rapport d'étonnement, retour

J'ai mis du temps à entrer en relation avec Hamed. Assez discret, mystérieux et réservé, il ne suscitait pas en moi d'intérêt particulier, dois-je reconnaître en vérité. Palestinien chrétien, Hamed est un employé du centre Saint-Vincent depuis plusieurs années. Pas plus d'un mètre soixante-quinze, bien en chair, blagueur, un peu timide et maladroit, il s'occupe des résidents avec beaucoup de douceur. Il entretient avec eux une relation très touchante. Chaque fois qu'il les croise, il a pour eux une blague, un sourire ou une accolade particulière.

J'apprécie cependant de le voir le matin, toujours souriant avec son visage rond qui lui confère une certaine bonhomie. Il inspire la confiance et la gentillesse est chez lui une sorte de parfum naturel. Gentil, trop gentil peut être parfois. Même lorsqu'il s'énerve, Hamed reste gentil. On dit souvent que la gentillesse n'est pas une vraie qualité et nous l'identifions trop souvent à de l'idiotie. Les mauvaises langues disent : « Trop bon, trop con ». Cependant, je crois qu'il y a un trésor dans la gentillesse. Le fait de cultiver de bons sentiments envers soi-même, les autres et la Création est quand même une belle qualité. Cela ne signifie d'ailleurs pas qu'Hamed se laisse faire ou soit incapable de réflexion. Au contraire ! Il prend ses décisions en connaissance de cause et raisonnablement, mais elles sont toujours habitées par une générosité débordante.

Durant le confinement, Hamed s'est porté volontaire pour vivre sur son lieu de travail, laissant sa femme et ses filles derrière lui pendant deux mois. Pour lui – qui est un papa gâteau – cela n'a pas été facile. C'est d'ailleurs au moment du confinement que j'ai eu l'occasion de me rapprocher de lui. Nous préparions occasionnellement des repas tous ensemble (volontaires et employés), et nous restions discuter après. Parfois, nous demeurions au même endroit dans les jardins durant les après-midi avec les résidents. J'ai ainsi découvert en Hamed un homme courageux, vivant pour les quatre femmes de sa vie : son épouse et ses trois filles.

Bon vivant, Hamed aime la viande. Il nous a d'ailleurs offert une grosse portion de porc, à mon binôme volontaire et à moi-même. Un jour, il nous a invités à venir chez lui, près de Bethléem, à Beit Jala. Pour l'occasion, il avait préparé un barbecue. Ses trois adorables filles nous ont accueillis, au départ avec un peu de timidité, mais très vite, elles me suivaient partout et me sollicitaient pour prendre des photos ensemble. L'aînée était âgée de douze ans, sa cadette en avait sept et la petite dernière, quatre. Finies les photos ! Il était temps de préparer les salades qui allaient accompagner la viande. Je m'activais à prêter main forte à la femme d'Hamed. Nous échangions à propos de nos activités respectives. Elle travaille également pour les Filles de la Charité, dans une autre maison qui accueille des bébés et des jeunes enfants. Cet après-midi s'est déroulé de manière toute simple, comme un repas de famille. Mais cette famille-là, je ne l'oublierai pas. Hamed m'a beaucoup touchée. Il est fidèle à sa culture palestinienne, à l'accueil chaleureux et débordant, jusqu'à nous faire entrer dans l'intimité de son foyer. Cela m'a beaucoup émue. Comment ne pas évoquer l'ouverture et l'incroyable hospitalité des Palestiniens dans un pays en conflit ?

Hamed, comme beaucoup de Palestiniens, fait preuve d'une qualité d'accueil assez étonnante. Il sourit, s'intéresse à nous, cherche à sympathiser, à nous offrir des cadeaux. Par-dessus tout, il aime mettre à l'aise et faire découvrir avec fierté son beau pays. Il traduit des conversations pour que nous puissions y participer. C'est le premier à nous rapporter des tasses de café bien chaud. Attentionné, mais pas seulement... Cela va au-delà de la courtoisie ou de la politesse. Par cette attitude amicale qui cherche à nouer des liens, Hamed montre à quel point la solidarité, l'amitié et la fraternité ont du sens pour les Palestiniens.

J'ai remarqué le même phénomène dans des banlieues parisiennes. Là aussi, il y a des « guerres de quartiers », qui donnent des sujets pour le JT du soir. Mais ce que ne montrent pas ces mêmes journalistes, à propos de ces banlieues « chaudes », c'est la solidarité, l'amitié et la fraternité. À l'image de ces quartiers, mais en dix fois plus grand, j'ai retrouvé cette même solidarité chez les Palestiniens. Est-ce propre à des groupes de personnes qui vivent une oppression ? Se serrent-ils les coudes pour trouver un peu d'humanité malgré leurs souffrances ?

En tout cas, Hamed a partagé cette solidarité bien au-delà de ses frontières et de son sang. Au centre Saint-Vincent, il y a aussi des Israéliens. Hamed sympathise avec eux comme il le fait avec des Palestiniens ou avec des étrangers comme moi. J'ai senti, durant mon année en Terre sainte, des tensions liées au climat d'apartheid qui y règne. Mais jamais au centre Saint-Vincent. Au contraire, c'est un véritable havre de paix. Je suis persuadée qu'il en est ainsi notamment grâce aux personnes comme Hamed. Je n'oublierai pas sa posture bienveillante, qui donne de l'espoir, un espoir en une paix possible, même si elle commence par des petits pas. Promulguer un message de paix sur son lieu de travail, avec de minuscules actions comme un sourire, une discussion, un service rendu... Certaines personnes font toutes ces choses par hypocrisie, pour se protéger ou pour éviter un conflit. C'est une manière lâche de ne pas dire ce que l'on pense vraiment. Étant très naïve, je n'ai que rarement remarqué si une personne était hypocrite ou non. Dans le cas d'Hamed, je ne sais pas comment l'expliquer, c'est totalement différent. Je sais au fond de moi qu'il est vrai dans son attitude, que c'est une personne extraordinaire. C'est peut-être pour cela que les gens l'aiment beaucoup et que certains ont tendance à trop lui en demander. Tout ce que j'avais étudié en formation sur le thème de la paix et de la solidarité, j'ai pu le vivre en direct grâce à Hamed et à son indéfectible solidarité envers chacun.

Tamerlan ou l'enchanteur de la Vallée Sainte

« Il y avait cependant des moments de quiétude détachés du temps, notamment les après-midi dans les jardins fleuris et ensoleillés d'Aïn Karem. Le sourire des résidents, les rayons de soleil sur leurs visages, la musique douce et la voix forte de Tamerlan... Des petits moments de bonheur et de joie ! »

Extrait de mon rapport d'étonnement, 7e mois

Musicien, Tamerlan vient, chaque semaine, jouer de la guitare pour les enfants handicapés. Sa voix douce offre à nos oreilles attentives de magnifiques chants en hébreu. Il n'est pas rare que des larmes coulent de nos yeux… Par son talent et sa sensibilité, ce guitariste atypique nous permet de passer un petit moment de la journée hors du temps et du monde.

Habitant d'Aïn Karem, Tamerlan est un Israélien juif et pratiquant. Mais il a un look plutôt « peace and love ». Le village d'Aïn Karem est un endroit assez étonnant car les juifs qui y vivent semblent toujours bloqués à l'époque du mouvement hippie des années 1960. Les sarouels et les dreadlocks ont remplacé les vestes de costume et les chapeaux noirs. Tamerlan est l'un de ces personnages hors-norme qui titillent en chacun la curiosité. Son personnage est en totale adéquation avec sa manière de vivre. Il porte de vieux vêtements très amples aux couleurs claires, parfois déchirés ou tachés, de grosses sandales en cuir et parle très bas avec un débit assez lent. Bref, un baba cool israélien.

Cependant, quand il chante, on entend parfaitement sa voix. D'un seul coup, sa personne s'illumine d'une lumière communicative. Sa voix douce et puissante vient directement remuer quelque chose dans le diaphragme, un peu comme une vague qui vient toucher notre âme. Quand sa voix s'élève dans les airs, portée par les accompagnements de sa guitare, le temps s'arrête. Les auditeurs se déconnectent de la réalité visible, du programme de la journée ou des préoccupations mondaines. Chacun se relie à une réalité invisible. Même les enfants handicapés, dont l'agitation semble aller *decrescendo* à mesure que le chant de

Tamerlan s'élève. Le musicien nous ouvre la porte de l'évasion et des rêves. Ces petits moments modestes mais tellement nécessaires pendant lesquels chacun peut souffler. On prend à nouveau le temps de regarder le ciel, la couleur des feuilles de vignes et des oliviers, les sourires des résidents. La voix profonde de Tamerlan a le pouvoir de créer une atmosphère propice à l'émotion et à la joie intense.

Avant de connaître Tamerlan, j'étais plus habituée à écouter des chanteurs qui m'inspiraient la nostalgie ou la révolte. Rien de tel avec Tamerlan qui transmet des émotions positives. Chaque artiste a sa « patte ». Le style de musique dans lequel il s'exprime reflète le fond de sa personnalité. Ainsi, le rap est souvent le moyen d'expression des personnes qui cherchent à dénoncer quelque chose ; le reggae, celui des artistes qui souhaitent transmettre un certain mode de vie. Le style de Tamerlan est rempli de douceur et de simplicité. L'émotion que l'on ressent à l'écouter vient directement de sa personne. C'est comme s'il avait le don de transporter ses propres émotions dans sa voix et qu'elles nous arrivaient dans le cœur à l'état brut. L'oreille perçoit les sons et la mélodie ; l'âme accueille les émotions. On dit souvent que l'on peut voir la noirceur d'une personne dans ses yeux ou encore que l'on voit la gentillesse dans un sourire. Tamerlan, lui, se met à nu, dès qu'il chante.

Pourquoi rendre un hommage à Tamerlan ? Parce que c'est un véritable artiste, certes un peu décalé de la réalité, mais capable de la transformer sans vraiment s'en apercevoir. Tamerlan est un artisan de paix intérieure, une paix émotionnelle. Il m'a donné l'envie de m'exprimer, moi aussi, par le biais de l'art. J'ai repris mes crayons et mes pinceaux.

Il y a les mots, les prières, les actes, les engagements, les pensées mais aussi les émotions et les sentiments qu'il faut savoir prendre en compte. Tamerlan sait faire grandir cette dimension émotionnelle chez chacun. Il n'est pas pour autant le ravi de la crèche. Il souffre des préjugés des Palestiniens à l'égard des juifs et réciproquement. Il est si touchant dans sa manière d'être délicat, ne discriminant personne. Une délicatesse rare qui s'épanouit dans sa musique mais aussi dans son attitude. Ses émotions, Tamerlan ne cherche pas à les masquer et les laisse s'exprimer à l'air libre. Devant tous. Peu importe ce que peut penser de lui son interlocuteur, il est lui-même. Résolument et avec une douceur obstinée.

Tamerlan m'a appris à maîtriser mes émotions quotidiennes. Je me souviens particulièrement de ce que j'ai vécu dans les bus qui me conduisaient dans les territoires palestiniens. À chaque *check point*, il se produisait quelque chose d'insupportable pour moi. Les soldats israéliens faisaient descendre les Palestiniens un à un pour les humilier et les contrôler. Et je sentais monter en moi une sourde colère. Combien de fois ai-je fait l'exercice de me porter en imagination dans le jardin odorant d'Aïn Karem, bercée par les notes candides et innocentes de Tamerlan ? Les Kalachnikov étaient toujours dans le bus prêtes à tirer. Mais mon cœur était à nouveau en paix. On ne gagne jamais contre ses émotions. Il faut avoir le courage de les apprivoiser surtout quand elles apparaissent sombres et dangereuses. Ainsi, Tamerlan, grâce à sa douceur et à sa musique, est pour moi un acteur de paix intérieure.

Sœur Nica ou le voyage entre délicatesse et légèreté

« Son rire et sa gentillesse apaisaient les résidents et les salariés. Un petit nuage de paix et de bonheur. »

Extrait de mon rapport d'étonnement, 5e mois

Soeur Nica est l'une des trois religieuses du centre Saint-Vincent d'Aïn Karem. À quatre-vingts ans passés, la vieille religieuse déborde d'une énergie contagieuse qui lui donne vingt ans de moins ! Même physiquement, son visage aux traits tirés et aux yeux bridés semble préservé des marques du temps. Cette petite femme aux cheveux noir charbon est née et a grandi aux Philippines. Elle s'est ensuite retrouvée en Terre sainte pour vivre sa vocation de Fille de la Charité. Elle est la plus ancienne des sœurs du centre, ayant vu grandir un grand nombre de résidents handicapés et passer différentes directrices et consœurs.

Sœur Nica a été l'un des coups de cœur de mon volontariat. Différentes facettes de sa personne m'ont profondément touchée. Parmi elles, sa douceur et son dévouement. Très humble, sœur Nica est au service des résidents et de la sœur servante, à laquelle elle voue une obéissance irréprochable. Cela dit, cela ne lui empêche pas d'avoir un avis bien tranché sur ce qui se passe au centre ! Sa discrétion dans tout ce qu'elle entreprend ressemble à celle de la Vierge Marie, toujours en retrait mais pourtant si indispensable au Christ. Lors de réunions, de moments de prière ou de repas, sa présence est rassurante et apaisante. Elle lance de petits regards gentils ou un sourire qui mettent directement à l'aise.

Je me souviens du jour de mon arrivée à Aïn Karem. Alors que j'étais excitée, fatiguée et un peu stressée, la découverte de ma chambre a apaisé toutes les émotions qui bataillaient en moi. Apaisement et joie. J'y ai découvert un petit mot de bienvenue écrit avec délicatesse et application, ainsi qu'un joli bouquet de fleurs. J'ai appris plus tard que c'était l'œuvre de sœur Nica.

Les fleurs, c'est l'une des passions de la sœur, bien que ces dernières passent après le Christ qui prend absolument toute la place dans son cœur. Elle adore flâner au jardin le matin à regarder les fleurs, leur parler et parfois en cueillir. Elle compose ensuite de magnifiques bouquets – avec bien plus de goût que les fleuristes – qu'elle dispose dans la chapelle. Dès qu'un bouquet commence à se fâner, sœur Nica l'a déjà remplacé ! Pour les solennités et les fêtes, n'en parlons pas, ses bouquets ornent si bien la chapelle qu'on croirait recevoir le pape. À juste titre ! C'est la maison de Dieu, encore plus important que le pape ! Sœur Nica ne manque jamais de faire ses plus beaux bouquets pour l'honorer.

La religieuse aime offrir des cadeaux (chocolats, confiseries et autres). Spécialement à mon binôme, qui semblait être le favori de la gentille sœur. Mais ce que nous préférions, c'était ses blagues. Les blagues de sœur Nica sont très célèbres, tout comme ses expressions tout à fait atypiques. Chaque fois qu'elle commence une blague, elle est déjà à moitié morte de rire. Il nous arrivait de ne pas comprendre sa plaisanterie mais nous rigolions, parfois jusqu'au fou rire, simplement parce que son rire est très communicatif. Sœur Nica a cette particularité de tout prendre avec légèreté et de rire de tout. Ce pouvoir d'émerveillement et de rire facile, à l'image d'une enfant, la rend joviale et sa compagnie est très agréable, joyeuse et simple. C'est en étant à l'image d'un enfant que sœur Nica est une véritable actrice de paix.

Je me souviens qu'un jour sœur Paola, la directrice du centre, faisait un discours pour l'anniversaire d'un employé. Sœur Nica s'est mise à pouffer dans son coin, se retenant manifestement de ne pas éclater de rire. Elle est venue directement me voir en me chuchotant, tant bien que mal, quelque chose de si incompréhensible que je me suis mise moi-même à rire sans pouvoir me retenir. Je ne comprenais rien à ce que sœur Nica essayait de me dire. Il a fallu plusieurs tentatives avant qu'elle ne parvienne à me dire que sœur Paola avait un bout de salade coincé entre les dents. À ce moment-là, ce n'était plus possible de contenir notre hilarité et nous sommes toutes les deux parties dans un fou rire, malgré le regard noir que nous lançait sœur Paola.

Au-delà de la légèreté et de l'amusement permanent de sœur Nica, il y avait aussi ses délicates attentions, tout à fait propres à elle. Son souci de notre bien-être et de celui des résidents était particulièrement bouleversant. Bien qu'elle soit âgée, sœur Nica mettait la main à la pâte ! Chaque matin, chaque midi et chaque soir, elle venait nourrir deux à trois résidents. Durant les après-midi, elle aimait venir aux jardins partager le goûter et un moment de détente avec ses « chouchous » (certains résidents particulièrement aimés de la sœur). Je me souviens que, chaque matin, elle venait dans la chambre 7 pour saluer chacune des filles et prendre de mes nouvelles. Lorsque les résidents étaient rassemblés dans le couloir pour le petit déjeuner, des activités ou un repas, j'étais toujours émue de voir sœur Nica déambuler parmi les fauteuils pour faire un baiser à l'un ou chantonner un air de musique pour un autre. Elle s'arrêtait devant tous les résidents pour leur sourire, leur adresser un regard affectueux ou quelques paroles, toujours restées sans réponses.

Une petite fleur, un rayon de soleil ou encore un moment d'allégresse désinvolte. Sœur Nica a marqué mon aventure du début à la fin. Ce fut elle qui, à trois heures du matin, m'a accompagnée à l'aéroport pour mon retour en France. Elle était là dans le travail, les moments de détente et les sorties. Dans les moments importants comme les anniversaires et les fêtes ou dans les occassions plus banales, soeur Nica a été une compagne fidèle, avec une présence tout à fait ajustée à chaque moment de mon expérience. Comme une petite maman finalement. C'est d'ailleurs l'une des premières choses qu'elle m'ait dites lorsque je suis arrivée : « Ici, nous sommes comme tes mamans. »

J'aurais mille et une anecdotes à raconter sur sœur Nica, tant nous avons partagé de choses ensemble. Les sorties dans les Lieux saints, les messes, les repas chez les Lazaristes[1] ou encore des aventures rocambolesques durant la crise du Covid. Sœur Nica m'a apporté ce côté indispensable à tout être humain : un lien familial. C'est un lien si précieux lorsque l'on n'est pas dans son pays. La sœur n'a évidemment jamais remplacé ma mère, mais elle a tenu un rôle maternel envers moi et cela a été si précieux. Se sentir chez soi, pas uniquement dans un lieu mais aussi dans un groupe humain, procure une forme de paix, d'apaisement. Je me suis sentie à ma place et chez moi à Aïn Karem, notamment grâce à elle. En une phrase, sœur Nica a fait exister concrètement ce verset de l'Évangile : « *Amen, je vous le dis : si vous ne changez pas pour devenir comme les enfants, vous n'entrerez pas dans le royaume des Cieux. Mais celui qui se fera petit comme cet enfant, celui-là est le plus grand dans le royaume des Cieux* » (Mt 18, 3).

1. Cousins des Filles de la Charité, les Lazaristes sont issus des mêmes fondateurs que leurs cousines. Ce sont des prêtres consacrés.

Avram ou le vieux guide orthodoxe

« La fin de ma mission fut couronnée par un moment de grâce offert par un inconnu. »

Extrait de mon rapport d'étonnement, 12e mois

À la fin de ma mission, les Lieux saints n'avaient pas rouvert leurs portes suite à la crise du Covid. J'allais alors régulièrement prier devant le Saint-Sépulcre, assise sur les marches face au parvis. J'y récitais mon chapelet, lisais des psaumes ou restais simplement là, à méditer. Je voyais chaque fois les mêmes personnes, majoritairement des consacrés, qui restaient, comme moi, devant la façade imposante de l'église aux portes closes.

Un jour, alors que je me perdais dans mes pensées, j'ai entendu soudain le coulissement d'une lourde et épaisse porte en bois qui s'ouvrait. Immédiatement, j'ai levé les yeux et vu deux ou trois prêtres orthodoxes entrer dans le Saint-Sépulcre. Un espoir ? Mon regard s'est aussitôt porté sur l'assemblée autour de moi. Personne ne bougeait, les gens continuaient, stoïques, à réciter leurs prières. J'allais faire de même, quand je surpris, juste à côté de moi, un prêtre orthodoxe qui me fixait. Un peu gênée d'être ainsi dévisagée, je pris cette première interaction comme une invitation au dialogue. Gardant au fond de moi un espoir, je lui demandais s'il était possible d'entrer dans l'église. Étonné par ma question, dont la réponse paraissait évidente, le vieil homme me répondit par la négative puis me demanda ce que je faisais ici.

Je lui racontais mon volontariat. Immédiatement, il opina du chef et affirma qu'il comprenait mieux pourquoi il me voyait si souvent assise là, à prier. Il finit par me demander quand je rentrais en France. Or, je rentrais à la fin de la semaine. Certainement touché par ma venue régulière sur ces marches et par mon histoire en général, ce prêtre bon et généreux m'a alors invitée aux messes basses. Tout bas, il m'a suggéré d'attendre quelques minutes que le soldat israélien posté derrière moi s'en aille pour venir le rejoindre devant la porte de l'église. Interloquée et surprise, je bafouillais un « yes », sans vraiment réaliser ce qui allait m'arriver.

Une dizaine de minutes s'est écoulée avant que le soldat ne disparaisse à l'angle de la rue menant au souk. C'était le moment ! Surexcitée par le caractère interdit de ce que je m'apprêtais à faire, je me suis élancée vers le vieux prêtre qui m'attendait au seuil de l'imposante porte en bois. Il s'empressa d'y introduire une clé et me fit entrer dans l'église. J'avais du mal à me concentrer sur ce que mon nouvel ami me disait, à cause des battements de mon cœur qui résonnaient très fort dans ma poitrine. Reprenant mes esprits, j'ai compris qu'il m'invitait à aller prier un moment au calvaire. Je me retrouvais seule dans l'un des Lieux saints les plus visités au monde. Pleine de reconnaissance et d'incompréhension, je l'ai suivi sans un mot. Après avoir prié un instant au calvaire, j'ai de nouveau suivi mon guide. Il m'a alors emmenée dans un endroit complètement inconnu des pèlerins et des touristes : les appartements des religieux et des consacrés du Saint-Sépulcre. Pour y accéder, il fallait contourner le sommet du calvaire et, surtout, avoir les clés de la porte ! Je découvrais avec émerveillement les « coulisses » de cette église si visitée. Mon guide me montra une fosse très profonde, protégée par du plexiglas. C'était l'autre côté du calvaire. Ce côté n'avait pas été aménagé et l'on pouvait vraiment se rendre compte de la hauteur du calvaire, comme il est décrit dans les Évangiles.

Impressionnée et encore plus déboussolée qu'avant, j'ai compris que mon aventure quelque peu illégale se transformait en véritable visite guidée ! J'ai alors suivi mon fidèle guide au travers de couloirs exigus, d'escaliers et d'échafaudages, jusqu'à arriver sur le toit du Saint-Sépulcre. La lumière du soleil m'éblouissait, mais pas autant que ce qui m'arrivait. Sur le toit, j'ai appris, grâce à mon guide, les projets de restauration et l'histoire de ces pierres au travers des âges. Nous nous sommes tout à coup arrêtés devant un très vieil olivier entouré de grillages. Quelle surprise de voir une religieuse prosternée au pied de cet arbre ! Demandant au vieux prêtre ce qu'il représentait, celui-ci alla cueillir une petite branche, me la tendit puis me dit que, selon les croyances, cet olivier serait celui sous lequel Abraham aurait manqué de sacrifier son fils Isaac. Toute émue de la branche qu'il m'avait donnée, je continuais de le suivre et de regarder d'en haut les marches du parvis sur lesquelles je priais quelques minutes plus tôt. Après la visite guidée, le prêtre m'a invitée à me rendre une dernière fois dans le tombeau, avant que des cérémonies ne commencent. Les religieux continuaient leurs célébrations. Le Saint-Sépulcre était fermé uniquement pour les touristes, pèlerins et visiteurs extérieurs.

Après avoir touché et embrassé une dernière fois la tombe de Jésus, j'ai suivi mon guide vers la porte d'entrée mais, cette fois-ci, pour en ressortir. Il m'a pris les mains, m'a donné de l'encens et des croix orthodoxes en bois, puis m'a remerciée pour ce moment avant de me presser de sortir discrètement. Une fois dehors, je ne savais pas quoi dire de plus que « thank you ». Le vieux prêtre me donna alors son nom en me demandant de prier pour lui et en me promettant d'en faire de même. Je lui dis mon nom en retour, le saluai, toute émue et tournai les talons. C'est à ce moment-là qu'un flot de larmes m'a submergée. Je ne pouvais plus m'arrêter de pleurer.

La branche d'olivier qui décore aujourd'hui mon salon me permet de penser à ce vieux prêtre qui m'a permis de vivre une expérience unique et exceptionnelle. Seule dans le Saint-Sépulcre, dans ses coulisses, en pleine crise du Covid alors que je prenais l'avion à la fin de la semaine. Je prie encore pour ce vieux prêtre qui m'a permis de comprendre une autre dimension de la paix. La paix avec Dieu. Il m'arrive encore aujourd'hui de ne pas comprendre pourquoi il y a tant de malheurs et de souffrances si Dieu existe. Il m'arrive de lui en vouloir de ne pas exaucer mes prières. J'ai d'ailleurs eu l'occasion de discuter avec des personnes qui haïssaient Dieu, le rendant responsable de leurs malheurs.

Je dois admettre qu'en venant sur les marches de ce parvis, je me demandais pourquoi, après une année de volontariat, Dieu ne me permettait pas de prier dans le Saint-Sépulcre. J'espérais que les restrictions seraient levées avec des horaires d'ouverture pour les pèlerins et les touristes. Mais j'étais loin d'imaginer que, au dernier moment, alors que mon ultime lueur d'espoir s'envolait, j'allais tomber sur ce gentil prêtre orthodoxe. Je l'ai vécu comme une réponse de Dieu à mes prières. La miséricorde de Dieu vient nous toucher en plein cœur au moment où l'on s'y attend le moins. Son temps n'est pas le nôtre et il arrive que ses réponses nous paraissent extrêmement longues.

Mon guide, mon ami, Avram, m'a donc permis de me réconcilier avec Dieu. J'ai la conviction que, pour faire la paix avec soi-même ou avec les autres, il faut d'abord faire la paix avec Dieu. « *Tu assures une paix profonde parce qu'il se confie en toi* » (Is 26, 3). Parfois, il suffit d'être un médiateur, un guide humble et simple pour être acteur de paix. Ce jour-là, j'avais rencontré mon guide vers la paix.

Nicolas ou la paix du Baptiste

« Je me souviendrai toujours de ma première expérience chez des orthodoxes. Je revois surtout le visage généreux et lumineux de Nicolas, ce grec orthodoxe qui m'a simplement invitée à partager avec lui un moment de prière et de grâce. »

Journal de bord, 11e mois

Nicolas est un grec de petite taille, les cheveux blancs comme la neige et les yeux d'un bleu gris perçant. La cinquantaine, très vif et assez bavard. Je croise sa route par hasard alors que je me promène dans le souk parfumé de la vieille ville de Jérusalem. Les draps ornés de symboles cousus main aux couleurs vives, les bijoux, l'encens, les épices et les confiseries confèrent à ces rues une atmosphère festive. Imbriquées entre quelques *shops*, on peut voir d'anciennes façades cachant des lieux de culte ou encore de somptueux jardins. Au-dessus des boutiques, du linge sèche aux fenêtres. L'une d'elles appartient à Nicolas. C'est un résident de la vieille ville, il est donc naturel que je le rencontre en bas de sa maison, alors que je cherche mon chemin. Il me l'indique puis engage directement la conversation. Intrigué par mon allure de « touriste » à cette période de l'année, Nicolas semble heureux de me croiser. Alors que la vie recommence un peu partout dans les villes d'Israël, les étrangers restent absents. Malgré le déconfinement officiel, le Covid oblige les autorités à tenir les frontières fermées.

Nicolas s'aperçoit très rapidement que je suis française... Après avoir échangé deux phrases en anglais, il se met à me parler dans ma langue maternelle ! Beaucoup de personnes parlent français en Terre sainte et mon fort accent me trahit souvent. Nicolas parle parfaitement notre langue mais avec un accent particulier que je n'ai pas l'habitude d'entendre. Je finis par deviner qu'il est grec. Immédiatement, Nicolas s'intéresse à l'histoire de la petite volontaire française qui a passé son confinement chez des religieuses à s'occuper de personnes handicapées. Il connaît très bien Aïn Karem car il assiste souvent aux cérémonies orthodoxes, célébrées dans une église non loin du centre-ville. Après avoir fait connaissance au milieu des passants, Nicolas finit par me donner son numéro de téléphone et par m'inviter à des solennités orthodoxes célébrées justement à Aïn Karem. Je rentre toute joyeuse de cette rencontre improbable.

Ainsi, je retrouve Nicolas lors d'une cérémonie en la fête de saint Jean Baptiste. Aïn Karem, selon la tradition, est le village dans lequel le saint a grandi; cette solennité est donc particulièrement importante pour les habitants dont Nicolas est très proche. Je réponds à cette invitation avec beaucoup de curiosité. Je vais de temps à autre dans des églises ou des monastères orthodoxes pour des visites et je sais que je dois couvrir ma tête d'un voile et porter une jupe ou une robe longue. L'église orthodoxe d'Aïn Karem est assez petite et a été récemment rénovée. De l'extérieur, elle semble assez banale, faite de pierres blanches. Mais, à l'intérieur, elle brille de mille feux. Les dorures, les icônes, les tapis ou encore les fresques qui ornent cette église lui confère un caractère sacré et luxueux qui force la pudeur et le respect. En cette belle saison d'été et en raison du nombre important de participants, je choisis de rester sur le parvis de l'église. De nombreux fidèles sont là également et les portes grandes ouvertes nous laissent découvrir la liturgie. Je ne vois pas Nicolas, qui doit certainement être à l'intérieur. Beaucoup de femmes sont agenouillées à même le sol, sur les dalles dures de l'entrée. Elles sont toutes vêtues de longues robes colorées et de voiles blancs en dentelle sur la tête. Que ce soit les hommes ou les femmes, tous prient le chapelet orthodoxe[1], tout en s'inclinant. Les psaumes, les mouvements du rite et les lectures rythment la cérémonie. Cela fait déjà une bonne heure que je me trouve là, sans m'asseoir ni comprendre. Ayant travaillé le matin, je n'ai pas assisté au début de la cérémonie. Il y a des moments pendant lesquels les prêtres vont et viennent, encensent l'église et les icônes puis, une nouvelle fois, les prières reprennent. Des gens partent et arrivent à n'importe quel moment. Ce n'est qu'une heure plus tard que les choses commencent à bouger. Les prêtres se mettent en cercle devant l'autel, dos à l'assemblée. Je comprends que c'est le moment de la consécration[2]. Étant de confession catholique, je ne peux pas communier. Mais c'est là que Nicolas

1. Chapelet tressé de laine constitué de cent grains.
2. C'est la dernière partie de la messe, durant laquelle le/les prêtre(s) reproduisent le sacrifice de Jésus en offrant du pain et du vin et en demandant à Dieu de les consacrer corps et sang de Jésus.

intervient, sorti de nulle part, en me faisant de grands signes. Il me confirme l'impossibilité de communier mais je peux prendre du pain béni. Étonnée, je me mets dans la file et observe. Le rituel est sensiblement le même que chez les catholiques, si ce n'est que les orthodoxes communient à la petite cuillère. Le pain béni est présenté dans des paniers en osier. J'en reçois deux généreux morceaux.

À la fin de la cérémonie, je deviens une attraction pour les fidèles. Beaucoup montrent leur surprise de voir une étrangère, une catholique assister à une cérémonie orthodoxe dans un village isolé de Terre sainte et cela, en pleine crise sanitaire. Les gens sont très accueillants, les femmes affichent de radieux sourires et les hommes prennent soin de moi et m'invitent à m'asseoir. Ouf, sauvée ! Après deux bonnes heures debout, je n'attendais que ça. Les festivités commencent. Les hommes amènent des tables et des bancs et les femmes ont les bras remplis de gâteaux et de boissons. Très chaleureusement, les fidèles m'offrent des rafraîchissements et m'invitent à me servir. Les enfants, enfin libérés du silence, courent tout en criant et en chantant. Cette assemblée respire le bonheur, l'atmosphère festive et la complicité des gens entre eux créent une ambiance de fête de famille.

Nicolas m'explique que les cérémonies orthodoxes sont interminables en raison des nombreux psaumes et lectures qui s'enchaînent. Le cérémonial et la liturgie n'y sont pas les mêmes que chez les catholiques. Quant au pain béni, il est destiné aux enfants ou aux personnes ne pouvant pas encore recevoir la communion. Chez les catholiques, les personnes ne pouvant pas communier peuvent recevoir une bénédiction sous la forme d'une petite croix dessinée sur le front par le prêtre. C'est un peu la même chose symboliquement, mais le fait de matérialiser cette bénédiction par du pain la rend plus concrète.

Je suis très touchée par l'accueil chaleureux que je reçois. Il m'est difficile de communiquer avec les gens, qui ne parlent pas tous anglais, mais les échanges de sourires et de regards suffisent amplement. Je ressors comblée de cette expérience. J'étais venue curieuse, sans vraiment m'attendre à recevoir quoi que ce soit, et je repars les larmes aux yeux, bouleversée sans vraiment comprendre pourquoi. C'est certainement un tout, l'ambiance, la beauté des lieux, le mystère de la liturgie, la sympathie des gens. Je me suis sentie à ma place parmi cette assemblée. C'était long, il faisait une chaleur étouffante et je ne comprenais rien, mais j'avais l'impression de participer à quelque chose qui nous dépasse.

Comme si la prière permettait d'entrer en communion avec cette assemblée d'inconnus.

Nicolas n'a été, en apparence, qu'un simple intermédiaire. Cette rencontre fugitive, j'aurais pu vite l'oublier. Mais elle s'est imprimée en moi. Je n'ai pas vu Nicolas très longtemps mais sa gentillesse m'a paru tellement lumineuse. Quelque chose émanait de lui, une sorte d'aura, une douce manifestation de l'Esprit Saint ou je ne sais trop quoi, qui le rendait accessible et captivant. Pour moi, Nicolas aura été un ambassadeur, le portier discret et fraternel de son église, le confident de sa foi et de sa vie. Il m'a invitée dans l'intimité de sa communauté, pour partager un moment sacré, un moment lié à ce lieu biblique si spécial du village d'Aïn Karem. N'est-ce pas l'endroit où Jean Baptiste a grandi sous le regard tendre de ses parents ? N'est-ce pas lui justement qui a ouvert la voie à celui qui a amené au monde la paix véritable ? Une paix bien loin d'une diplomatie bancale et incertaine. Une paix reçue dans la divine liturgie, une paix vécue aux côtés de Nicolas, sur le parvis, dans la touffeur de la fête de saint Jean Baptiste. Nicolas, un prophète de la paix à l'école splendide du Baptiste.

Sœur Gaëlle ou le sourire de la vieille héroïne

« La communication passe parfois par des chemins silencieux. Au centre Saint-Vincent, que ce soit les filles de la chambre 7, les employés ou les sœurs, il y avait au moins une dizaine de personnes par jour pour vérifier cette hypothèse. »

Extrait de mon mémoire d'étude

À plus de soixante-dix ans, Sœur Gaëlle affiche toujours un sourire bienveillant. Bien qu'ayant mal au dos, la religieuse éthiopienne continue courageusement son travail. Elle est employée à la lingerie du centre Saint-Vincent. C'est elle qui vient tous les matins, avec l'aide de Noura, nous déposer le linge propre et reprendre le linge sale dans les chambres des résidents. Au total, une dizaine de chambres. Elle se charge ensuite de laver le linge sale et de le répartir, une fois propre, dans les bacs correspondants aux différentes chambres. Sœur Gaëlle et Noura sont parfois accompagnées d'Ayate. Au total, elles sont trois à travailler à la buanderie pour l'entretien du linge des résidents mais aussi du linge de maison, du linge des sœurs et du nôtre (celui des volontaires).

À mes yeux, sœur Gaëlle est l'image même de l'humilité et du courage. Et sa manière de prier, à la fois si naturelle et si impressionnante, est déstabilisante. Je l'ai surprise en train de prier dans la buanderie. Je n'ai rien dit et suis partie afin de ne pas la déranger. La manière dont cette vieille sœur et tous les Éthiopiens prient force vraiment le respect. Cette petite communauté fréquente les Lieux saints quotidiennement. J'ai eu l'occasion de les voir très souvent au Saint-Sépulcre ou encore à la Nativité. Alors qu'un modeste signe de croix, accompagné parfois d'une génuflexion, suffit aux catholiques pour communiquer leur respect à Dieu, les Éthiopiens s'étendent de tout leur long sur le sol et se prosternent un bon nombre de fois tout en embrassant le sol et en se signant. Ils expriment parfois à haute voix leurs prières ou récitent des psaumes. Les femmes s'exclament et pleurent sans retenue.

Leur petite communauté est bien présente en Terre sainte. Les Éthiopiens chrétiens ont même leur « base » sur le toit du Saint-Sépulcre ! Ainsi, sur le toit de l'un des monuments les plus sacrés du monde, ils passent leur journée à prier. On les repère grâce à leurs vêtements blancs ou noirs. Je n'ai jamais vu sœur Gaëlle habillée autrement qu'avec sa robe noire et son voile ou avec ses vêtements de travail. Cousu à la main dans un tissu nommé *netsela*, ce voile s'accompagne d'une tenue en mousseline. Ensemble, ils constituent l'habit dédié à la prière.

La communauté éthiopienne n'est pas très valorisée en Israël. Elle fait même l'objet de discriminations. Pourtant, ces personnes occupent un rôle essentiel. Beaucoup de touristes et de pèlerins sont étonnés de leur manière extravagante et sans retenue de prier. Ils n'ont pas honte. Ils prient avec tout leur corps et tout leur cœur sans faire attention à ce que pensent les gens autour d'eux. Certains rient de leurs manières, d'autres sont très touchés. Un jour au Saint-Sépulcre, une femme éthiopienne priait en pleurant et en se prosternant. Dans un groupe de pèlerins étrangers, deux femmes la regardaient. Elles avaient du mal à retenir leurs larmes et se sont mises à genoux.

Chaque matin, nous prenons le petit déjeuner tous ensemble. Les femmes de la lingerie le prennent un peu plus tard et apportent souvent des fruits ou d'autres denrées. Parfois, je traîne un peu le matin pour discuter ou pour rester au soleil à lire ou à regarder mon téléphone. Quand sœur Gaëlle arrive, elle m'offre toujours un peu de nourriture et un sourire radieux. Je n'ai jamais vraiment parlé avec elle, quelques phrases de sympathie, rien de plus. En revanche, elle me paraît toujours si bienveillante.

Parfois, je la vois boiter, le dos courbé et le visage grimaçant de douleur. Mais lorsque ses yeux croisent les miens, son visage se détend et elle affiche un beau sourire, comme si toute douleur avait disparu. Une à deux fois par semaine, nous déposons notre linge sale. J'oublie souvent de venir le récupérer lorsqu'il est propre. Mais jamais sœur Gaëlle ne me le reproche. Au contraire, elle le met en évidence près de la salle à manger pour que je ne l'oublie pas. L'été, nous devons accrocher notre linge aux fils pour qu'il sèche au soleil. Cela évite l'utilisation des séchoirs. Il est déjà arrivé qu'à cause d'une averse ou parce que je l'ai oublié, sœur Gaëlle retire mon linge des fils. Elle vient alors me trouver le matin dans la chambre des résidents ou à la salle à manger et me glisse discrètement que mon linge est prêt à être récupéré. Les autres dames de la buanderie ont aussi ces délicates attentions, mais dans sa manière d'être et de faire les choses, sœur Gaëlle me touche particulièrement. Est-ce son âge, son dévouement à la prière, la douleur qu'elle subit sans rien dire, ses beaux sourires ? Il m'est parfois arrivé de la croiser à Aïn Karem, en rentrant de sortie, à son départ du travail. Toujours vêtue de son bel habit noir et un peu courbée, elle emprunte courageusement la pente raide qui va jusqu'au centre. Discrète, mais pas invisible. Sœur Gaëlle a du mal à parler anglais et a plus de facilité à converser avec les employés qu'avec nous, les volontaires. Je la vois rire et participer aux discussions avec ses collègues. Elle rit lorsque nous essayons de parler arabe et nous encourage d'un gentil hochement de tête accompagné de ses sourires.

Il existe tant de héros du quotidien en Terre sainte. Invisibles, inconnus et dont personne ne parle. Aujourd'hui, je souhaite vraiment rendre hommage à cette sœur éthiopienne âgée, qui travaille dans la buanderie d'un centre pour personnes handicapées. L'histoire d'une vie méconnue, d'un engagement, d'efforts et de sourires. Beaucoup de gens simples sont des héros au quotidien. Sœur Gaëlle est une héroïne car elle combat silencieusement les maux de sa vieillesse. Elle travaille dur pour sa communauté, sans jamais se plaindre. Elle ne manque pas à ses prières, qu'elle fait même entre deux lessives. Ses mains sont usées par les produits chimiques et tout son corps semble hurler, mais son visage laisse paraître la couleur joyeuse et bienveillante de son âme. Il ne suffit pas de faire de bonnes choses ou de grandes choses pour être une figure de paix. Il suffit de faire chaque geste, chaque acte de sa journée avec le sourire, avec dévouement et générosité. En regardant sœur Gaëlle, j'ai compris que la plus simple des actions a plus de valeur, si elle est faite de tout cœur, que toutes les actions les plus impressionnantes, si elles sont faites par orgueil.

Tout au long de mon aventure, sœur Gaëlle a été une sentinelle discrète. Lorsque la petite Leila me faisait tourner en bourrique alors que je devais encore nourrir et doucher les trois autres filles de la chambre, je pensais à sœur Gaëlle, me disant qu'elle serait sans doute en train de sourire et de rire de la situation plutôt que de s'énerver et d'envoyer Leila sur les roses. Je reprenais alors mon souffle et me sentais mieux. Aujourd'hui encore, il m'arrive de penser au courage de sœur Gaëlle et à ses beaux sourires pour masquer ses grimaces de douleur. Comme le disait Ariane Angeloglou, « un sourire est un brin d'amour déposé sur les lèvres. »

Père Jérôme ou un apôtre de la paix divine

« En Terre sainte, j'ai eu l'occasion de rencontrer beaucoup de personnalités avec des parcours de vie tout à fait excentriques. Il y en a qui m'ont particulièrement marquée par leur vocation très pure et authentique. »

Extrait de mon rapport d'étonnement, 7e mois

Le père Jérôme est un prêtre lazariste originaire du Congo. Je l'ai rencontré au début de mon aventure en Terre sainte lors d'une fête dans un centre en plein cœur de Jérusalem : l'hospice Saint-Vincent. Ce centre, tenu par des Filles de la Charité, a la même vocation que celui d'Aïn Karem dans lequel je travaille et accueille des personnes polyhandicapées vieillissantes. C'est également un lieu dans lequel se trouvent quelques volontaires français de l'Œuvre d'Orient.

Le père Jérôme vit, lui aussi, à Jérusalem avec un autre prêtre lazariste. Leur vocation est à la fois monacale et apostolique, c'est-à-dire qu'ils sont à la fois moines et prêtres en mission.

Pour mon ami, la présence en Terre sainte s'explique par des études de la Bible. À Jérusalem se trouvent, en effet, les meilleures écoles du monde pour l'étude des textes sacrés. Le père Jérôme prend ses cours en italien, ce qui ne lui facilite pas la tâche. Il parle également français, congolais et anglais.

De petite taille, assez mince et toujours souriant, le père Jérôme n'est pas un triste sire. Bien au contraire ! En sa présence, peu importe notre humeur ou notre état d'âme, sa joie contagieuse oblige à sourire ou à rire avec lui. Nos origines nous apportent, bien sûr, notre identité mais elles peuvent également nous conférer une personnalité particulière. Dans le cas du père Jérôme, on ressent immédiatement une joie de vivre et un enthousiasme, souvent propres aux Africains.

Le père Jérôme m'a tout de suite inspiré confiance. Lors de notre première rencontre, à l'hospice Saint-Vincent, nous avons immédiatement parlé de sujets très profonds et je me suis surprise à lui confier des choses très personnelles. Je ne sais pas si ce qui émane de lui invite à la confidence ou si l'excitation des débuts de mission, de découverte et de fête m'ont poussée à ouvrir mon cœur de cette façon. Peut-être un heureux mélange de tout cela... Quoi qu'il en soit, ce prêtre est devenu, pour moi, un réel soutien et une oreille attentive tout au long de ma mission. Mais aussi un ami avec qui j'ai partagé de très beaux moments.

La plupart du temps, nous nous voyons à Aïn Karem lorsqu'il vient célébrer la messe dans mon centre ou alors pour des solennités ou des grandes occasions à Jérusalem. Parfois également chez lui dans la belle maison qu'il partage avec son collègue prêtre dans le centre de Jérusalem. Celui-ci, libanais, organise très régulièrement des dîners dédiés aux volontaires français, grâce auxquels nous rencontrons les autres volontaires présents en Terre sainte. Je me rappelle notamment d'un dîner au cours duquel nous étions très nombreux. Après la messe tous ensemble dans la chapelle des Lazaristes, nous nous installons à table. À ma table, il y avait les sœurs Nica et Paola ainsi que d'autres sœurs du centre Saint-Vincent de Jérusalem, quelques volontaires et le père Jérôme, le seul homme à table. Les sœurs libanaises sont assez directes et ont un caractère bien trempé. Elles donnent ainsi leurs opinions de manière crue sur de très nombreux sujets, parfois sans retenue, elles n'hésitent pas à taquiner chaque personne présente à table. Un jour, alors que sœur Nica et moi-même étions mortes de rire et que d'autres convives étaient assez gênées, le père Jérôme accueillait avec bienveillance les commentaires des sœurs. Il redirigeait les conversations avec beaucoup d'humour afin de contenter tout le monde. Très attentif à chacune d'entre nous, il posait des questions aux plus timides et calmait les ardeurs des plus dynamiques afin de créer une cohésion entre nous tous. Il faisait tout cela avec un tel naturel que personne ne remarquait en fait ses interventions. À ce moment-là, il m'a semblé un vrai médiateur. À mes yeux, les prêtres écoutent, donnent les sacrements et répandent la parole de Dieu. Je ne les avais encore jamais perçus comme des médiateurs. Le père Jérôme m'a permis de découvrir une nouvelle dimension du sacerdoce: celui du médiateur entre le ciel et la terre. On entend souvent parler de la Vierge Marie comme médiatrice. Mais les prêtres aussi ont ce rôle, ainsi que les religieux, par leurs prières, par leurs conseils inspirés par l'Esprit Saint, par les sacrements et la messe. Le père Jérôme est à mes yeux un médiateur de paix. Mais pas d'une paix éphémère, humaine et instable. Non, une paix véritable, pure et inconditionnelle, la paix qui vient de Dieu. Une paix qui s'impose à travers son sens de l'observation, son souci des autres et surtout ses interventions pleines de bienveillance et d'humour.

Ayant quitté sa famille et le Congo pour vivre sa vocation de prêtre, le père Jérôme vit concrètement l'expérience d'apôtre. « *Jésus leur dit : "Venez à ma suite et je vous ferai pêcheurs d'hommes". Aussitôt, laissant leurs filets, ils le suivirent* » (Mc 1, 17-18). Ou encore : « *Il les appela. Aussitôt, laissant la barque et leur père, ils le suivirent* » (Mt 4, 22). Le père Jérôme, comme beaucoup de prêtres aujourd'hui, a été capable de tout quitter, à l'image des premiers apôtres, pour suivre le Christ. Beaucoup de personnes imaginent que les gens comme le père Jérôme sont des illuminés ou des fous. Mais, en réalité, ils sont simplement capables d'un étonnant détachement du monde et de leur volonté propre. Le père Jérôme ne vit pas pour sa personne, mais pour Jésus, pour faire passer son message et offrir les sacrements à ceux qui le désirent. Dans un pays si divisé, la présence du père Jérôme est primordiale. Il suit le chemin des apôtres partis à Rome pour convertir les Romains et aux quatre coins de l'empire. Il est venu apporter la paix aux peuples qui vivent sur ces terres divisées. Sainte Thérèse de Lisieux disait si joliment cette phrase : « De cet Arbre ineffable, l'Amour voilà le nom et son fruit délectable s'appelle l'Abandon. » L'abandon peut se vivre de diverses manières. Dans le mariage ou dans d'autres types d'engagements. Mais cet abandon total que vivent les religieux est à la fois très mystérieux, terrifiant et magnifiquement touchant. Le père Jérôme transpire cet abandon gratuit et il resplendit de la joie de son choix. Et cela ne peut laisser personne indifférent.

Le père Jérôme a fait son séminaire à Paris avant de venir en Terre sainte. Je ne sais pas exactement pourquoi il a choisi la vocation particulière des Lazaristes car je n'ai jamais eu l'occasion d'en parler avec lui. Il me parlait souvent de sa famille restée au Congo, notamment certains de ses frères. Il avait une très grande fratrie – je ne me souviens plus du nombre de ses frères et sœurs. Je me souviens de son inquiétude au sujet de l'un de ses frères et de ses difficultés à rester si éloigné pendant si longtemps de sa famille. Je comprenais très bien ce qu'il ressentait. Se sentir inutile et ne pas pouvoir agir pour nos proches est quelque chose d'assez difficile à vivre. Cela m'a parfois fait souffrir pendant ces mois d'éloignement. Le père Jérôme m'a soutenue lors de ces moments. Il m'a fait comprendre que si je faisais la volonté de Dieu là où j'étais, tout le reste trouverait son issue, avec la grâce de Dieu.

Le père Jérôme a été pour moi un ami, une oreille attentive, mais surtout un magnifique témoignage de paix et d'abandon. C'est grâce à des témoins comme lui que de nombreuses personnes se convertissent. Comme l'a écrit Gustave Lebon, « la connaissance vient par les livres. La croyance par les apôtres. »

Table des matières

Achevé d'imprimer en avril 2022

par Graphycems en Espagne.

N° d'édition : 22006.

Dépôt légal : mai 2022.

FSC
www.fsc.org
MIXTE
Papier issu de sources responsables
FSC® C007507